Le transfert

Pour qui me prenez-vous ?

Groupe Eyrolles
61, bd Saint-Germain
75240 Paris cedex 05

www.editions-eyrolles.com

Avec la collaboration de Fanny Morquin

© Groupe Eyrolles, 2012
ISBN : 978-2-212-55361-1

LES MOTS DE LA PSYCHANALYSE

Saverio Tomasella

Le transfert

Pour qui me prenez-vous ?

EYROLLES

À Marie-Josèphe Jude
À la mémoire de Georg Garner

Je remercie les collègues psychanalystes avec qui je cherche, depuis de nombreuses années, à préciser les réalités complexes et subtiles des phénomènes transférentiels. Certaines illustrations proposées dans cet ouvrage sont issues de leur pratique.

Je remercie aussi tout particulièrement mon ami Claude Nachin[1], qui est venu plusieurs fois à Nice partager avec notre groupe de recherche sa longue expérience, notamment sur le transfert. Ce petit livre lui doit beaucoup.

> *La psychanalyse ne se déplace pas avec ses armes et bagages :*
> *c'est méconnaître sa fonction que d'appliquer ses concepts,*
> *que d'imposer ses grilles de lecture. Elle est un mouvement plus*
> *qu'une institution, plus même qu'une histoire : un mouvement*
> *qui, comme dans la cure, va par détours, inflexions,*
> *procède par spirales, connaît des butées et des avancées.*
>
> J.-B. Pontalis, *L'étrangeté du transfert*

---

1. Claude Nachin est psychanalyste, président de l'Association européenne Nicolas Abraham et Maria Torok, auteur de nombreux ouvrages de référence…

Sommaire

Introduction

Les humains abordent leurs nouvelles expériences à partir des modè-
les intériorisés de leurs expériences antérieures, en particulier de
leurs premières expériences profondément enfouies.

C. Nachin, *La méthode psychanalytique*

Pour Sigmund Freud, il existe « trois métiers impossibles » : gouverner, enseigner, psychanalyser. Ces métiers, et tous ceux qui s'en approchent, présentent une caractéristique fondamentale : ils placent ceux qui les exercent dans une posture étonnante, voire étrange, et singulièrement inconfortable, de figure d'autorité. Le discours qui leur est adressé se trouve, en réalité, adressé à un autre qu'eux. Il révèle une dimension qui ne les concerne pas directement : la relation très singulière que la personne a eue avec ses parents ou avec les premiers adultes qui ont marqué son histoire.

De plus, auréolés d'un certain prestige, les praticiens de tels métiers (auxquels il convient d'ajouter les prêtres, les juges et les médecins) sont l'objet de fortes idéalisations : ils sont vus comme des protecteurs ou des magiciens, dotés de pouvoirs qu'ils ne possèdent pas ou de savoirs qu'ils ne maîtrisent pas.

Bien au-delà, l'idéalisation est un processus psychique que nous connaissons tous très bien, puisque nous le vivons dans chacune de nos relations d'amour, au sens large : déjà enfant ou adolescent avec nos parents, dans toutes les formes d'amitié aussi, surtout lorsqu'elles sont passionnées, et au sein de tous les phénomènes amoureux, quel que soit l'âge…

À y regarder de plus près, nous nous rendons d'ailleurs compte que chaque relation, quelle qu'elle soit, présente des phénomènes d'*interférences*. D'où vient vraiment ce que nous ressentons, ce que nous disons, ce que nous faisons ? Nous ne savons pas très clairement ce qui émane de nous ou de l'autre, à qui s'adresse telle ou telle chose (à quelle part de nous, à quelle image de l'autre…), ni quelle conception nous avons réellement de la relation. Cette dernière n'est-elle pas, au fond, qu'une illusion ?

Pour désigner ces multiples interférences au sein de la relation, S. Freud emploie un terme très simple, issu de la vie courante : *Übertragung*, qui signifie « transmission » ou « transport », avec l'idée d'extériorité, d'extériorisation, comme un mouvement qui passe par-dessus, au-dessus, au-delà… Les pigeons voyageurs, les lignes téléphoniques qui transmettent des messages, ou les transports aériens sont des images qui traduisent bien le mouvement contenu dans ce mot, souvent utilisé au pluriel.

L'usage et la coutume de la psychanalyse en France, autant du côté de la pratique que du côté de la théorie, ont consacré le choix du mot *transfert* pour traduire l'*Übertragung* freudienne, plutôt que celui d'autres termes comme *translation* ou *transposition*[1]. Ces vocables regroupent de nombreux mécanismes psychiques à l'œuvre dans la relation à l'autre (amalgames, assignations, condensations, déplacements, idéalisations, identifications, projections, reports, etc.) que nous détaillerons par la suite.

Les transports, les trajets, les trajectoires, les relais, les déplacements, les déménagements et les transferts (de fonds, de propriétés, d'idées, de croyances, d'affections)... voilà de quoi il est question dans cet ouvrage : de tout ce qui voyage en nous et hors de nous, de tout ce qui migre, s'éloigne ou même s'exile.

Si, dans le langage courant, le transfert est souvent évoqué pour expliquer l'amour ressenti par un patient pour son psychanalyste, ce phénomène s'étend en réalité à tous les mouvements (souvent inconscients) qui existent dans une relation. Nous commencerons par les étudier, avant de nous consacrer plus précisément à ceux qui apparaissent dans le cadre d'une psychanalyse.

Partons à la découverte de ces phénomènes qui se manifestent dans chacune de nos relations quotidiennes.

---

1. La traduction italienne de l'*Übertragung* freudienne correspond au mot *translation*, qui signifie à la fois « transfèrement », « translocation », « transport », « transposition » et « déplacement ». Tous ces termes pourraient être employés à la place du mot *transfert*...

Partie I

Du comptoir au divan

J'écoute sa mémoire se mettre en marche,
s'appréhender des formes creuses qu'elle juxtapose les unes aux
autres comme dans un jeu aux règles perdues.

M. Duras, *Le ravissement de Lol V. Stein*

À part lors de brefs moments dans la journée où nous vivons
la réalité de l'instant présent, sans lui donner une apparence
ou une explication qui dépend de l'idée que nous nous en
faisons, nous ne cessons de croire, de juger et d'*interpréter*.
Ainsi, très souvent, nous voyons ce que nous voulons voir,
entendons ce que nous souhaitons entendre, lisons ce que
nous préférons lire et, surtout, nous nous convainquons de
savoir mieux que l'autre qui il est, ce qu'il dit et ce qu'il
fait.

Comment est-ce possible ? Quels mécanismes psychiques nous poussent à considérer ce que nous vivons à travers notre propre prisme ? Dans quelle mesure ce prisme nous révèle-t-il ?

L'assignation d'identité, expression d'un certain rapport au monde

Nous considérons le monde selon une optique particulière. Pour une large part, celle-ci découle de la façon dont nos parents et notre famille ont désigné le monde devant nous : comment ils l'ont présenté et nommé, ce qu'ils ont mis en valeur, ce qu'ils ont éludé... Pour une autre part, cette optique trouve ses sources dans nos études, lorsque nous avons appris à catégoriser les phénomènes observables selon les critères retenus par nos enseignants et les standards culturels ou scientifiques du moment. Par ailleurs, cette éducation scolaire s'est doublée d'une éducation morale, et parfois religieuse, avec des principes à respecter et des préceptes à appliquer. Enfin, notre regard sur le monde dépend aussi des expériences (bonnes et mauvaises) que nous avons vécues personnellement.

Nous sommes donc *conditionnés* par tous ces éléments de notre histoire, qui nous portent à croire, à juger et à interpréter.

© Groupe Eyrolles

De l'inconnu au supposé connu

Nos conditionnements enclenchent et façonnent des auto-
matismes, des réflexes, qui nous font rapidement ranger tel
objet, telle personne ou tel événement à une place définie,
selon la caractéristique que nous lui prêtons : bon/mauvais,
attirant/répugnant, enviable/ridicule, valeureux/honteux,
etc[1]. Ainsi, nous « assignons à résidence » autant les choses
que les individus ou les situations, en les plaçant à un
endroit précis de nos cartes mentales. Pour nous repérer et
les identifier, nous leur *assignons une identité*. Nous nous en
faisons une idée qui nous permet de nous familiariser avec
leur étrangeté en les rapprochant d'autres phénomènes
similaires. De cette manière, nous les faisons passer de
l'inconnu au *supposé connu*.

> À seize ans, Étienne est en voyage à l'étranger. Les pre-
> miers jours, il compare tout ce qu'il voit, entend ou
> mange avec ce dont il a l'habitude dans sa vie quoti-
> dienne plutôt répétitive et rassurante, au sein d'une tran-
> quille ville de province. Dans un premier temps, il rejette
> ou critique tout ce qui est différent de ses habitudes, et
> apprécie ou vante au contraire ce qui y ressemble. Au
> bout de quelques jours, aidé par les adultes accompagna-
> teurs, il accepte de ne plus juger à l'emporte-pièce et de
> découvrir la nouveauté, sans se sentir perdu ou en danger
> de disparaître, sans craindre de ne plus s'y reconnaître[2].

---

1. Il peut aussi nous arriver de ranger quelque chose dans la catégorie
   « indéterminé », mais c'est plus rare.
2. Dans cet exemple, Étienne avait assigné à la nourriture qu'il
   mangeait chez lui l'identité « bonne nourriture ». Pour lui, tout ce
   qui n'y ressemblait pas n'était donc pas bon.

Le mécanisme transférentiel d'assignation ne concerne pas seulement les choses, les lieux ou les coutumes, il peut également s'appliquer aux personnes, avec des conséquences plus ou moins graves.

> Après une période durant laquelle Sylvie a idéalisé son nouveau compagnon, elle commence à lui trouver de nombreux défauts et surtout à ne pas supporter qu'il ne soit pas d'accord avec elle. Progressivement, sans s'en rendre compte, elle finit par voir son homme comme un être méchant, puis par croire dur comme fer à ce mauvais rôle qu'elle lui a assigné[1]. Heureusement, l'étonnement et l'humour de son homme, qui ne se retrouve pas dans le portrait qu'elle dresse de lui, amènent Sylvie à reprendre contact avec la réalité et à voir de nouveau son compagnon tel qu'il est...

Le fait d'insulter quelqu'un est une situation extrême, mais très courante, d'assignation d'identité. Il en est de même pour cette façon particulièrement répandue de coller une étiquette à l'autre afin de le dévaluer, en utilisant le vocabulaire de la psychopathologie : elle est « hystérique », il est « psychorigide », c'est une « bipolaire », c'est un « caractériel », etc. L'être humain est alors banni au profit d'une idée réductrice sur lui[2].

---

1. Il s'agit du passage d'une *idéalisation positive*, qui n'est possible que parce qu'il n'y a *pas encore de contact* avec l'autre, à une *idéalisation négative*, qui n'est possible que parce qu'il n'y a *plus de contact* avec l'autre.

2. De surcroît, ces termes techniques sont trop souvent utilisés sans véritable connaissance de ce qu'ils désignent réellement et proférés uniquement dans un but dépréciatif.

Dans un registre plus favorable, ce premier type de mécanisme nous permet de faire face aux réalités qui se présentent à nous, surtout si elles sont nouvelles : nous leur assignons une place et une identité, nous nous en faisons une
idée à partir de ce que nous connaissons. Ces assignations
peuvent prendre principalement deux formes : l'amalgame
et le report.

L'amalgame, un magma indifférencié

Un amalgame est un mélange, une superposition artificielle
d'éléments disparates.

Lorsque nous croyons savoir, nous faisons des *suppositions*,
même sans nous en rendre compte, et parfois avec beaucoup
de conviction et d'aplomb : tel pays est comme ceci, telle
culture comme cela, telle population ainsi, etc. Les généra-
lisations qui en découlent semblent faciliter la lecture de la
réalité, mais elles s'effectuent souvent au détriment de la
complexité, des richesses et des nuances, autant que des
spécificités personnelles. Sans aller jusqu'aux sociétés et aux
nations, nous pouvons — faute d'y prêter attention —
confondre deux ou plusieurs personnes qui ont, à nos yeux,
des comportements identiques ou des caractéristiques
semblables. Cet amalgame est une forme de *condensation*
d'éléments disparates. Il peut aussi être dû au fait que ces
individus nous charment, nous enchantent ou induisent en
nous un sentiment favorable, ou à l'inverse, qu'ils nous
embarrassent ou produisent sur nous un effet désagréable.

> Professeur au lycée, Sophie est inquiète depuis la rentrée
> pour deux élèves d'une classe de terminale. Elle craint le
> mépris et la violence de l'une ; elle est déçue par

l'absence d'implication de l'autre. Cette distinction entre les deux jeunes filles est récente : pendant plusieurs semaines, Sophie les avait amalgamées et mises « dans le même sac », les considérant toutes les deux comme des élèves difficiles et leur adressant la même colère non différenciée. Depuis sa découverte, Sophie ne les fond plus dans un même magma. Elle repère les différents traits de leurs personnalités bien distinctes et peut désormais parler à chacune d'elles de façon beaucoup plus juste.

L'amalgame empêche la *différenciation* réelle des éléments artificiellement agglomérés entre eux (personnes, situations, etc.). Ce mécanisme conduit aussi fréquemment à des mouvements d'*amplification* des émotions et de *déformation* des situations qui sont interprétées de façon erronée, surtout si elles sont vécues comme des expériences difficiles ou éprouvantes[1].

Le report, une translation de soi à l'autre

Il nous arrive également de *reporter* une émotion qui concerne un événement ou une personne sur une autre personne n'ayant rien à voir avec ce qui l'a engendrée. Les exemples de ce genre de reports sont innombrables, de la littérature à la vie quotidienne. Ainsi, dans *Les Femmes savantes*[2], Chrysale, n'osant s'attaquer directement à sa

---

1. Voir S. TOMASELLA, *La traversée des tempêtes*, Eyrolles, 2011, pp. 35-37 pour l'explication des phénomènes d'*amplification* et de *déformation*.
2. Comédie en cinq actes de Molière, créée à Paris au théâtre du Palais-Royal, le 11 mars 1672.

femme Philaminte qui l'impressionne, reporte son énerve-
ment et ses reproches sur sa sœur Bélise : « C'est à vous que
je parle, ma sœur… », lance-t-il !

Le *report* d'un vécu difficile sur une personne non impliquée
dans la situation peut donner lieu à une amplification de
l'intensité émotionnelle, exprimée alors dans une autre
situation.

> Lors d'une réunion houleuse un après-midi au bureau,
> Marc voit son travail violemment remis en question. Sur le
> moment, il ne peut exprimer suffisamment sa révolte. Le
> soir venu, il se met dans une colère noire contre son fils
> pour une peccadille. La violence de ses propos le sur-
> prend, et il réalise rapidement la disproportion de sa rage
> par rapport à la maladresse de son fils. Il prend alors le
> temps de lui expliquer comment il a injustement reporté
> sur lui sa colère rentrée.

Le *déplacement* de la tension affective sur une personne tierce
peut aussi provoquer une déformation de la situation : la
réalité n'est alors plus perçue telle qu'elle est, mais revêtue
du drame intérieur indicible, donc interprétée selon une
logique faussée propice au malentendu.

> Maria est la mère d'Isabel, une jeune fille de dix-sept ans.
> Elle rencontre depuis quelque temps des problèmes au
> travail avec une collègue en rivalité avec elle. Durant la
> même période, sa fille part en vacances. Ses journées
> étant très occupées, Isabel ne donne pas de nouvelles à
> sa mère. Lorsqu'elle revient, Maria lui fait des reproches
> disproportionnés et reporte sur elle les déceptions,
> l'amertume et le découragement qu'elle a ressentis pen-
> dant son absence face à sa collègue malveillante. Elle en

arrive à prêter à sa fille des intentions malveillantes à son égard, alors qu'Isabel a simplement passé de bonnes vacances en oubliant de donner des nouvelles à sa mère, par manque de temps et non en faisant preuve de mauvaise volonté.

Nous constatons, comme pour l'amalgame de deux réalités distinctes, que le report[1] sur une personne étrangère à la situation qui provoque l'émotion peut être l'occasion d'amplifications et de déformations. Tous les phénomènes de transfert sont ainsi marqués par la *démesure…*

---

1. Pour les notions de *condensation* et de *déplacement*, se reporter à S. TOMASELLA, *L'inconscient*, Eyrolles, 2011, pp. 51 à 55.

La transposition : soi au centre du décor

Une légende raconte que, dans certains pays équatoriaux, les Anciens croyaient que le crocodile pleurait après avoir dévoré sa proie pour exprimer son remords et son affliction. Il s'agit là d'un phénomène transférentiel appelé *transposition*. Nous avons tendance à nous « faire des films », à prendre nos désirs pour la réalité, à nous placer « sur le devant de la scène », c'est-à-dire à interpréter le réel en fonction de nos souhaits, de nos croyances et de nos peurs, plutôt qu'à l'observer tel qu'il est.

Les tours de passe-passe de la transposition

Le mot *transposition* désigne à la fois :

- le changement de place (faire passer ailleurs, permuter, déplacer) ;
- le changement d'ordre (opposer, inverser, déformer) ;
- le changement de nature, de forme ou de contenu (modifier, transformer, métamorphoser) ;
- le changement d'agent ou de protagoniste (remplacer, intervertir, substituer) ;
- le passage dans un autre domaine ou dans une autre dimension…

Ainsi en va-t-il lorsque nous interprétons une situation qui concerne un proche en fonction de notre propre expérience. Nous transposons notre expérience sur la situation, au risque de confondre ce que l'autre est en train de vivre avec ce que nous avons vécu ; or cela ne peut évidemment s'y réduire.

> Muriel est anxieuse à propos de sa fille Élisa, jeune adulte qui peine à trouver une motivation pour s'engager vraiment dans ses études. Élisa va très bien, elle a une vie amicale très épanouissante, mais pour l'instant, elle ne sait pas exactement quel métier elle souhaite exercer. Au lieu de prendre le temps d'écouter sa fille et d'accepter d'entendre ce qu'elle lui dit, Muriel croit savoir avec certitude ce que ressent Élisa. Les suppositions de Muriel engendrent un malentendu qui se renforce avec le temps. En réalité, elle transpose sur son enfant la situation qu'elle a vécue lorsqu'elle avait le même âge, et lui prête le désarroi intérieur et la désolation qu'elle éprouvait, elle, à l'époque. En effet, lorsqu'elle était adolescente, Muriel souffrait d'un très grand isolement relationnel et affectif, qui la déprimait beaucoup et la plongeait dans une forme d'immobilisme...

Transposer revient à *extrapoler*, c'est-à-dire à appliquer un repérage préexistant (connu) à un élément nouveau (inconnu) pour en tirer des conclusions, souvent en décalage avec la réalité. Les mouvements d'extrapolation sont très divers, et complexes ; nous pouvons en observer quelques-uns...

De nombreuses formes de transpositions

Lorsque nous extrapolons, nous nous faisons des idées sur une situation réelle pour tenter de maîtriser sa part d'incertitude. Nous idéalisons donc cette situation. Cette idéalisation[1] peut être favorable ou positive, défavorable ou négative, mitigée ou ambivalente. Cette mise en idées, qui peut s'appuyer sur des préjugés ou des *a priori*, constitue une réduction, une abstraction de la réalité, et souvent une généralisation (comme pour l'amalgame et le report).

> Un exemple typique de transposition favorable, ou généralisation positive, concerne le retour pour des vacances dans le pays ou la région d'origine. Lorsque le départ a été l'occasion d'une réussite dans le pays d'accueil, ce temps de retrouvailles avec le paradis perdu est d'autant plus heureux que le lieu de vacances est investi de sentiments très vifs de fierté, d'attachement, d'admiration et d'appartenance culturelle. Le pays d'origine est alors auréolé de toutes les vertus, quitte à en oublier, le temps des vacances, qu'il n'est pas un paradis en réalité !
>
> À l'inverse, la transposition défavorable, ou extrapolation négative, peut découler de mauvaises expériences personnelles, vécues par l'entourage ou les ascendants, par exemple par rapport à une ville, un pays, une langue ou une culture. Une grand-mère avait ainsi convaincu ses petits-enfants que Lyon était une ville désagréable tant elle y avait souffert du brouillard lors d'un épisode difficile de sa jeunesse. Certaines familles ayant traversé les guerres avec les Allemands interdisaient à leurs enfants d'apprendre l'allemand ou d'aller visiter l'Allemagne...

---

1. Fait d'attribuer à quelqu'un ou à quelque chose des caractéristiques qui ne sont pas les siennes en réalité.

Bien évidemment, les transpositions ne concernent pas que des lieux, notamment quand ils sont porteurs de mémoire, elles peuvent également se rapporter à des éléments aussi disparates que des personnes, des groupes, des religions, des idées, des objets ou des situations.

Il peut aussi exister des ensembles complexes de transpositions *ambivalentes*. Nous retrouvons cette complexité et cette ambivalence des sentiments dans la relation amoureuse. La force de la passion amoureuse fait revivre à l'adulte, plus ou moins consciemment, un ensemble complexe d'éléments, positifs et négatifs, liés à toutes les relations d'amour qu'il a vécues jusque-là : ses demandes d'amour lorsqu'il était enfant puis adolescent, l'idéal d'amour qu'il s'est forgé peu à peu, ses relations amoureuses antérieures, les déceptions qu'il a endurées, etc.

> À la suite d'une séparation douloureuse, David s'est consacré exclusivement à son travail. Un peu plus d'un an après sa rupture, il rencontre Julien, qui lui plaît beaucoup. Il lui fait part de son intérêt, puis de son désir. Pourtant, dès que Julien lui montre qu'il éprouve les mêmes élans envers lui, David se rétracte… Une patiente recherche l'aide à retrouver la mémoire affective et émotionnelle de la relation qu'il entretenait avec son père lorsqu'il était petit. Son père s'occupait beaucoup de lui, jusqu'au jour où il quitta soudainement sa mère pour ne plus jamais revenir. David transposait sur Julien qui l'attirait autant la forte motivation à vivre une relation privilégiée que le brutal abandon qu'il avait vécu enfant, et les peurs incontrôlables que cela avait fait naître en lui.

Certaines transpositions sont tellement teintées d'idéal qu'elles brouillent la conscience de la réalité et poussent parfois à prendre de mauvaises décisions.

> Sandrine avait fait le projet d'aller vivre et travailler quelque temps à l'étranger après ses études. Une fois celles-ci terminées, elle choisit donc de s'installer dans une ville que ses parents et ses sœurs avaient visitée quelques années auparavant, sans elle, retenue à cette époque par une obligation de stage en entreprise. Le récit enchanteur que lui avait fait sa sœur la plus proche en lui montrant des photographies ainsi que la nostalgie des vacances en famille lui firent prendre une décision hâtive, qu'elle ne tarda pas à regretter une fois installée là-bas. Cette jolie petite ville proposait en effet un décor de carte postale apparemment idéal pour passer un week-end de vacances, mais était en réalité très fermée et très endormie, ne permettant pas l'épanouissement d'une jeune femme habituée à la vie fourmillante et foisonnante des grandes villes cosmopolites.

Nous pouvons percevoir à quel point les transpositions peuvent être variées, mais aussi riches et nuancées, présentant différents niveaux de réalité, de mémoire et de conscience.

Quand l'autre n'est qu'un miroir

De nombreuses expressions populaires traduisent l'omni-présence des phénomènes d'assignation ou de transposition dans la vie quotidienne. « Chacun voit midi à sa porte » indique que nous considérons une situation à partir de notre histoire, de nos valeurs et de nos références personnelles. Regarder « par le petit bout de la lorgnette » signifie que nous filtrons la réalité en la faisant passer au travers de nos croyances ou de nos préjugés. « Prendre ses désirs pour la réalité » s'emploie lorsque nous préférons croire que les mirages qui correspondent à nos fantasmes, à nos besoins ou à nos attentes pourraient venir prendre la place d'un réel parfois décevant...

Ainsi, nous avons tendance à envisager ce qui nous arrive à partir de nous-mêmes, comme si la réalité extérieure pouvait être le *miroir* de notre réalité intérieure, comme si l'autre nous ressemblait.

La fausse adresse

Cette duplication de l'intérieur vers l'extérieur, cette confusion entre nous et l'autre nous amène à exprimer des demandes qui sont en réalité des *méprises*. Nous nous leur-rons sur ce que nous demandons et, surtout, nous supposons

que la personne à laquelle nous adressons cette demande
pourra y répondre, alors qu'en fait, elle n'est pas concernée
par notre requête.

> Céleste consulte son médecin généraliste parce qu'elle se
> sent lasse et a du mal à trouver le sommeil. Son praticien
> perçoit, derrière sa venue, non une demande de médica-
> ments, mais un désir de parler, d'elle, de son travail, de sa
> solitude, etc. Il l'adresse à un psychanalyste, ce que
> Céleste accepte sans trop de réticences, reconnaissant au
> fond que sa vraie demande la concerne, elle, en tant que
> personne, face aux difficultés qu'elle vit en ce moment.

Ces demandes que nous adressons à des personnes qui ne
sont pas directement concernées nous mettent – ou les
mettent – parfois dans des situations embarrassantes. Le
plus souvent, ces « fausses adresses » nous plongent dans
l'incompréhension et créent des *malentendus* dont nous
pouvons avoir du mal à émerger si nous ne saisissons pas la
portée de nos paroles ou de nos actes. À ce propos, lors des
sessions de son séminaire de psychanalyse d'enfants, Jean
Bergès avait coutume de dire que « toute demande est une
non-demande[1] », insistant sur les motivations inconscientes
qui se cachent derrière chaque sollicitation.

---

1. Très souvent, la demande visible ne correspond pas à la vraie
   demande profonde de la personne qui l'émet : derrière l'expression
   de la demande de façade se trouve une autre demande, plus intime,
   voire inconsciente. Il peut aussi arriver qu'il n'y ait pas de demande
   sous-jacente et que la personne n'attende rien en réalité.

Étudiant, Armand part poursuivre sa formation dans une ville inconnue, loin des siens. Au cours des premiers mois de son cursus, il souffre terriblement de la solitude et surtout de l'isolement affectif. Un soir, plein de chagrin et se sentant abandonné, il va voir une prostituée à laquelle il demande simplement de le serrer très fort et longtemps dans ses bras. Armand se sent mal à l'aise dans la chaleur corporelle de cette inconnue et se trouve déboussolé après coup, se rendant compte du décalage entre sa demande formelle et son attente profonde de tendresse, de sollicitude et d'attention. Quelque temps après, lorsqu'il en parle à son psychanalyste, il perçoit que sa prière s'adressait en réalité à sa mère, qui lui a témoigné très peu d'affection depuis qu'il est tout petit.

L'erreur sur la personne

« Je ne suis pas celui que vous croyez ! » ou « Pour qui me prenez-vous ? » traduit ce que nous pouvons ressentir face à un individu qui nous adresse une demande déplacée, voire impossible et, plus encore, qui nous confond avec quelqu'un d'autre ou nous prête des intentions qui ne sont pas les nôtres. Les repères de l'identité sont alors brouillés.

Les égarements quant à l'identité d'autrui commencent très tôt, même avant la naissance. Ainsi, *le tout premier transfert est celui du parent sur l'enfant.* Lorsque deux adultes souhaitent concevoir un enfant, ou dès qu'ils savent qu'ils en attendent un, ils se font des idées sur cet enfant en devenir : ils l'imaginent avec telles ou telles qualités, espèrent que leur relation sera comme ceci ou comme cela, attendent de lui qu'il soit conforme à leurs idéaux... L'apparition de l'enfant réel, lors de sa naissance, et sa révélation progressive durant toutes les années de l'enfance puis de l'adolescence vont battre en brèche certaines de ces conceptions sur lui, mais pas toutes, loin de là. Chaque parent ainsi que les frères, les sœurs et les autres membres de la famille vont continuer à laisser coexister en eux d'une part certains aspects réels de l'enfant, et d'autre part certaines idées initiales qu'ils avaient sur lui, pourtant en décalage avec celui qu'il est.

> Depuis qu'elle est toute petite, Claude sait très bien que son père aurait préféré qu'elle soit un garçon. Pour cela, il lui a même donné un « prénom de garçon ». Claude a essayé de faire de son mieux pour être conforme à l'idéal masculin de son père, elle a même tenté de cacher ses formes féminines naissantes à l'adolescence, mais en vain… Claude n'en est pas moins une fille, et ne pourra jamais être ce que son père aurait voulu qu'elle soit. Elle trouve très dur de renoncer à la quête qu'elle a accepté de faire sienne pour son père, mais plus elle vieillit, plus elle se rend compte qu'elle souhaite désormais avant tout être elle-même.

Fréquemment, la relation d'un parent avec son enfant se complique aussi de tout *l'arriéré relationnel* du parent. Malgré lui, celui-ci transpose sur son enfant tout ce qu'il a bien ou mal vécu avec ses propres parents. Il lui fait alors porter tour à tour de nombreux masques ou costumes : celui de l'enfant qu'il a été, lui, à tel ou tel âge, mais aussi celui de chacun de ses parents dans toutes sortes de situations où il a été déçu, décontenancé, dévalorisé, incompris ou malmené.

> Aziz est perplexe lorsqu'il pense au comportement de son père avec lui. Souvent, il sent son père inquiet à son égard, comme si ce dernier avait peur de lui et cherchait à

> tout prix à lui montrer qu'il était le plus fort. Parfois, au contraire, Aziz perçoit son père comme un tout petit garçon fragile, et il se sent alors obligé de le protéger, de le consoler, de s'occuper de lui comme s'il était son propre père.

La sexuation anatomique[1] de l'enfant, sa place dans la fratrie, les circonstances de sa conception ou le moment de sa naissance ont une influence sur le type de transpositions que ses parents vont effectuer à son endroit.

Si les aléas passés d'une existence peuvent être reportés sur une personne d'une autre génération, ils peuvent aussi être amalgamés à des événements du présent, venant alors compliquer leur compréhension.

---

1. Chaque enfant naît avec un destin anatomique qui correspond à sa sexuation physique : fille ou garçon. Pour autant, la façon dont il se vit intérieurement peut ne pas correspondre à son apparence physique...

Une histoire qui insiste

Carl Gustav Jung affirmait que « Tout ce qui ne parvient pas à la conscience revient sous forme de destin ». Jacques Lacan exprimait exactement le même phénomène dans un langage plus abstrait et plus conceptuel : « Ce qui est forclos[1] du symbolique surgit dans le réel. » Élie Wiesel[2] l'écrivait à l'échelle de l'humanité : « Quand on ne connaît pas son histoire, elle se répète. »

Nous pourrions être tentés de laisser notre passé tomber dans l'oubli, mais il se présente à nous par des voies plus ou moins détournées, revient sous des formes déguisées, insiste pour être reconnu.

Ce *passé-présent* (passé qui redevient présent sans crier gare), faute d'être une mémoire consciente, constitue l'un des principaux ressorts des mouvements transférentiels que nous pouvons observer.

---

1. Exclu, rejeté du psychisme.
2. Écrivain, prix Nobel de la paix, survivant de la Shoah.

Quand le passé brouille le présent

Le foisonnement chamarré de notre mémoire vient conti-
nuellement enrichir nos sensations de l'instant. Une
couleur, une odeur, une certaine luminosité ramènent à
notre conscience l'évocation de moments passés. Ainsi,
Marcel Proust put décrire de quelle façon « magique » la
saveur d'une madeleine le transportait immédiatement dans
les souvenirs de ses vacances chez sa grand-mère à
Combray[1]. Ce que nous avons vécu façonne notre manière
d'appréhender ce que nous vivons.

> Lorsqu'il était petit, Boris n'aimait pas du tout les
> « voyages culturels » que sa mère lui imposait. Il se sen-
> tait complètement perdu dans un pays dont il ne compre-
> nait pas la langue. De ses mauvaises expériences à
> l'étranger, Boris a gardé une méfiance et un rejet pour
> tout ce qui n'est pas sa langue maternelle et son pays de
> naissance. Il n'en a pas conscience, et attribue son atti-
> tude à la beauté de son pays et à un certain chauvinisme.
> Lorsqu'il comprend qu'il envisage les voyages à l'étran-
> ger à partir de son désarroi de petit enfant, il peut de
> nouveau songer à passer les frontières et à vivre de beaux
> moments hors de son pays natal.

Ce brouillage du présent par un élément du passé est
d'autant moins visible lorsqu'il se manifeste uniquement
par un trait de caractère ou une habitude apparemment des
plus anodins.

---

1. PROUST M. (1913), « Du côté de chez Swann », *À la recherche du
    temps perdu*, Gallimard, 1988.

© Groupe Eyrolles

Sarah fait souvent des jeux de mots, et personne ne s'en plaint. Elle prend cette aptitude pour un aspect de sa personnalité : une sorte de don, en somme. Au détour d'une séance avec son psychanalyste consacrée à tout autre chose, elle est très surprise de réaliser que, durant sa petite enfance, ses parents étaient systématiquement occupés à discuter entre eux, mais ne lui parlaient pas directement. La petite fille les écoutait attentivement et jouait à « tordre » ou à combiner les mots qu'elle avait entendus. Cette acrobatie de langage était devenue son jeu préféré. Son étonnement est encore plus fort quand elle constate qu'elle joue sur les mots dans des circonstances où elle se sent esseulée, lorsque les autres ne s'adressent pas directement à elle ou qu'elle ne comprend pas bien ce qu'ils disent.

Plus délicats sont les retours imperceptibles de la mémoire qui se placent inopinément sur le devant de la scène, prennent la place de ce qui se vit dans le présent et aveuglent les protagonistes sur eux-mêmes...

Quand le passé recouvre le présent

Il arrive que certaines situations semblent se reproduire de façon plus ou moins identique. Nous faisons ainsi parfois face aux mêmes déboires amoureux, aux mêmes échecs professionnels ou aux mêmes impasses dans nos relations, voire aux mêmes maladies. À la longue, ces rééditions nous interrogent sur cette part obscure de notre passé qui insiste pour se frayer un chemin jusqu'à notre conscience.

Carlos est souvent déprimé. Il se sent très seul, n'a pas de vraie relation profonde d'amour ou d'amitié. Sa méfiance le pousse à mal interpréter les gestes, les paroles et les intentions des autres. Découragé, il se renferme et se replie sur lui-même. Un jour, très abattu, il lance : « Ce n'est pas possible que quelqu'un s'intéresse à moi. » Il en vient à se demander comment a bien pu s'installer en lui un tel « handicap relationnel ». Carlos repère peu à peu que, lorsqu'il est avec du monde, il a l'impression que les autres le voient avec les yeux de ses parents : « Pour eux, je n'étais pas comme il faut. En leur présence, je me sentais comme un extraterrestre. »

Dans un premier temps, Carlos comprend que, sans le vouloir et sans y prêter attention, il transpose la façon qu'avaient ses parents de le considérer sur chacune de ses relations, au lieu de la vivre dans sa réalité présente. Il souhaite alors préciser les relations qu'il a réellement eues avec chaque membre de sa famille pour qu'elles ne viennent plus parasiter ses liens actuels.

Il réalise alors que sa mère le maintenait dans un paradoxe impossible : « Je ne veux pas m'occuper de toi, mais je ne veux pas non plus qu'un autre le fasse. » Son père, lui, ayant peur de tout ce qu'il était, lui intimait : « Surtout, ne sois pas toi-même ! » Son frère lui signifiait en permanence : « Tu n'existes pas », aussi s'était-il inventé un faux frère...

Carlos avait cru un temps que sa libération viendrait en trouvant une personne qui l'apprécie en dehors de sa famille, mais cela aussi lui était interdit : « Si je crée un lien avec un étranger, ma famille me rejettera encore plus. Je suis leur prisonnier. » Aussi, sans le vouloir et sans le percevoir, Carlos a développé une grande méfiance face à chaque nouvelle rencontre. « Encore aujourd'hui, je fais foirer toutes mes relations et je suis terriblement seul, constate-t-il avec amertume. J'ai besoin de m'assurer que je suis sans intérêt, et pour cela, je vais chercher des personnes qui me prouvent que je n'ai aucune valeur. »

Comme Carlos, certains individus qui ont connu des relations perturbées continuent, malgré eux, à vouloir se prouver que la « malédiction » est vraie. Ils se tournent alors vers des personnes qui les maltraitent ou les dénigrent, et leur malheur incessant vient confirmer leur croyance d'être maudits.

Ainsi, nous faisons souvent jouer à celui qui nous fait face un rôle qu'il ignore et dont nous seuls, au fond de nous, détenons le texte...

L'autre : un émissaire, un passeur ?

> *Les mots de la psychanalyse, qui ont été,*
> *en un temps très court, transportés – transférés –*
> *dans le discours commun, se sont usés plus vite que les autres.*
>
> J.-B. Pontalis, *L'étrangeté du transfert*

Toutes les situations de transfert impliquent un vis-à-vis, humain ou non humain, sur lequel le phénomène opère. Bien sûr, il peut s'agir d'un lieu, d'un objet, d'une idée, mais le plus souvent, il s'agit d'une personne. Cette dernière est à la fois la cible, le déclencheur et l'enjeu des mouvements dont elle est le support (assignations, amalgames et reports, notamment).

Il est donc nécessaire, désormais, de bien préciser ces différentes opérations psychiques dont l'autre et la relation sont le théâtre.

Soi et l'autre : « intérieur » et « extérieur »

Avant d'aller plus loin, rappelons que *les frontières entre les phénomènes psychiques sont fines et perméables*. En ce qui concerne l'être humain, rien ne peut être figé, systématique ou définitif. Aucune théorie et, à plus forte raison, aucun dogmatisme ne peut complètement rendre compte de l'esprit humain. Malheureusement, lorsqu'un psychanalyste désigne un mécanisme en lui donnant un nom, il n'est pas rare que ce terme devienne dans le langage commun l'étiquette d'une tare ou le titre d'une catégorie, donc l'occasion facile d'un rejet[1]. Ce procédé de récupération fige l'idée première, qui est d'appréhender objectivement et sans jugement une réalité aussi complexe que mouvante.

De même, pour faciliter la compréhension des phénomènes psychiques, si difficiles à se représenter, il n'est pas rare de faire appel à des images et à des métaphores. Là encore, il n'est pas nécessaire de prendre ces propositions imagées au pied de la lettre, mais plutôt d'en saisir l'esprit, quitte à trouver à son tour ses propres images, plus proches de ses ressentis.

Ainsi, pour désigner une personne et son monde subtil, nous pouvons parler de vie intérieure, d'*intériorité*. Au contraire, pour mettre en évidence tout ce que n'est pas cette personne, il est possible de parler d'extérieur, d'*extériorité*. Partant de ces images (interne/externe), nous pouvons constater qu'il existe des mouvements psychiques de la personne vers son environnement en général ou vers un autre individu en particulier. Suivant leur direction, ces mouvements correspondent à :

- une intériorisation (ou inclusion), si la personne prend chez l'autre un élément qu'elle met en elle. Petite fille, Élisabeth appréciait beaucoup la douceur de sa grand-

---

1. C'est le cas, par exemple, des mots phobie, manie, paranoïa, projection, fantasme, pulsion, etc.

mère. Devenue adulte, elle exprime qu'elle a d'abord
« gardé cette douceur au chaud en elle, comme un
trésor », avant de pouvoir la développer pour elle-même
et pour ses proches, comme une qualité devenue sienne ;

- une extériorisation (ou exclusion), si l'individu met hors
de lui un élément qui le concerne et qu'il prête à l'autre.
Antoine reconnaît qu'il a longtemps été « radin », sans
vouloir se l'avouer. Tant qu'il refusait de reconnaître ce
trait de caractère en lui, il prêtait volontiers aux autres
ses intentions de voracité vis-à-vis de l'argent en les
taxant facilement d'avarice.

Des modalités relationnelles bien distinctes

Nous ne vivons pas isolés, mais dans un tissu relationnel.
Au sein de ces relations, nous rencontrons quatre formes
complexes et subtiles de rapport à l'autre, qui peuvent
s'enchevêtrer ou s'articuler entre elles.

L'identification à l'autre et l'imitation de l'autre

Comme amorce, développement ou relais de la relation,
l'identification permet à une personne soit de souhaiter
ressembler à l'autre, soit de considérer l'autre comme elle-
même. Ces jeux de miroir, où l'autre est vu comme soi (et
ou, inversement, on voudrait être comme l'autre), sont plus
ou moins présents dans toute relation, de façon souple ou
rigide, ponctuelle ou permanente, évolutive ou fixe. De ces
mouvements d'identification découlent plusieurs attitudes

possibles : la sympathie, l'empathie[1] ou encore l'imitation, mais aussi l'aliénation, la confusion et la projection (voir plus loin).

Durant la constitution de son identité, l'enfant va tour à tour s'identifier à sa mère, à son père, à ses frères et sœurs, mais aussi à ses camarades et à ses professeurs. Certaines identifications seront fondamentales pour lui, voire marquantes, quel que soit le sexe de ses modèles.

> Durant son enfance, Estéban s'est beaucoup identifié à sa mère qui restait à la maison, et surtout à sa sœur qu'il essayait d'imiter en tout. Devenu adulte et exerçant un métier où il est plutôt entouré d'hommes, Estéban se sent déstabilisé et se croit – à tort – moins masculin qu'eux, du simple fait qu'il ne partage pas les mêmes repères intérieurs et, principalement, certains automatismes, voire de nombreux clichés. Pendant un temps, très anxieux, Estéban s'identifie fiévreusement aux hommes les plus dominateurs de son environnement de travail et tâche de les imiter scrupuleusement. Peu à peu, parlant avec son psychanalyste de sa peur d'être déconsidéré et exclu par ceux qu'il a posés en représentants du genre masculin, Estéban se détend, reprend confiance en lui et lâche cette imitation à marche forcée d'hommes qui ne lui correspondent pas.

---

1. L'empathie est centrale dans le bon déroulement d'une psychanalyse. Cette dernière n'a rien à voir avec les classifications psychiatriques anciennes ou modernes. Elle vise simplement à aider l'individu à évoluer en faisant basculer sa manière de considérer la situation, ou son existence, par une transformation psychique interne.

Ainsi, de nombreux élans d'identification peuvent être suivis, après un temps plus ou moins long, et lorsqu'ils ne semblent plus utiles ou nécessaires, par des phases de *désidentification* durant lesquelles l'individu se resitue par rapport à ses repères personnels fondamentaux[1].

L'expulsion ou projection sur l'autre

La projection est une « opération par laquelle le sujet expulse de soi et localise dans l'autre, personne ou chose, des qualités, des sentiments ou des désirs qu'il méconnaît ou refuse en lui[2] ». Cette expulsion défensive d'un aspect ou d'une part de nous-mêmes n'est possible que si nous ne sommes pas en contact réel avec l'autre : ce n'est que lorsque ce dernier est devenu abstrait qu'il peut être revêtu de ce que nous réprouvons en nous-mêmes. Ainsi, la projection met la relation en impasse et la transforme en *rapport fantasmé*.

Ce qui reste en souffrance, ce qui n'est pas accepté, ce qui est encore non conscient, bref l'étrange et l'étranger en nous sont extradés, exilés, placés en l'autre. Ces éléments sont « assignés à résidence » hors de nous, sur quelqu'un qui va porter la marque distinctive de ce qui nous encombre, nous gêne ou nous répugne.

---

1. « La désidentification est nécessaire, elle permet un retour sur soi : rentrer chez soi pour devenir soi », communication personnelle de C. Nachin.
2. LAPLANCHE J., PONTALIS J.-B., *Vocabulaire de la psychanalyse*, PUF, 1998, p. 344.

Ce mécanisme de défense vient brouiller la communication entre les deux personnes concernées et les empêche de bien se comprendre. Il peut aller jusqu'à des formes de violence : impossibilité de voir l'autre tel qu'il est, refus d'entendre ce qu'il dit réellement, fin de non-recevoir, condamnation, etc. Jugements hâtifs, voire accusations et rumeurs risquent alors de venir prendre le relais de la vérité.

> N'ayant su développer une relation authentique de dialogue avec son fils Thomas, Edgar le considère de plus en plus comme l'ombre de lui-même et voit grandir dans son imaginaire, à l'égard de son enfant, une peur irréelle. Il ne réussit plus à se raisonner. Thomas souffre de son côté de ce manque de confiance, qu'il ne parvient pas à comprendre. Il préfère alors s'éloigner de son père, qui redouble de méfiance à son endroit. Le soupçonnant de « mauvaises fréquentations », de « mauvaises pensées » et de « mauvaises habitudes », Edgar finit par voir son fils complètement différemment de ce qu'il est en réalité. Tous deux souffrent de ce décalage artificiel engendré par les fantasmes du père. Ces *fantômes*[1] voilent et effacent Thomas, qui n'existe plus en tant que tel.

Les mécanismes de projection peuvent créer une crispation vindicative envers autrui. Cette véritable *cristallisation de l'hostilité* annihile les potentialités de la relation. Elle renforce l'inattention et l'indifférence vis-à-vis de l'autre

---

1. Ces fantômes sont le produit des fantasmes du père, qui se sont cristallisés sur le fils.

dans la réalité. Ce qui est expulsé sur l'autre pour l'en parer est d'autant plus virulent qu'il correspond à un vécu personnel camouflé, déformé ou même nié[1].

La translation ou le transfert vers l'autre

Le transfert désigne l'activation ou la réactivation de désirs profonds et d'anciens modèles relationnels d'un individu dans ses relations actuelles, en particulier avec les personnes qui ont le plus d'importance pour lui. Il révèle le sédiment des expériences passées, avec à chaque fois quelque chose de neuf. Même si le plus souvent il est inconscient et que le lien avec le passé est perdu de vue, le transfert est le substrat émotionnel, cognitif et affectif, le soubassement (le décalque, le modèle) de toute relation.

> Hugo est un homme très indépendant et inventif dans le domaine professionnel. Pourtant, il se sent particulièrement fragile dans ses relations affectives : il a tout le temps peur de déranger ou de ne pas être accepté. Progressivement, Hugo comprend qu'il reste intérieurement prisonnier d'un ancien schéma relationnel : petit dernier d'une grande fratrie, il a eu l'habitude d'être délaissé et de se débrouiller tout seul.

Ces mouvements de transfert de soi vers l'autre créent des interactions complexes, difficiles à repérer et à élucider. Les mouvements relationnels ne sont plus ajustés à la situation présente : ils correspondent à des modèles périmés, des

---

1. Les mouvements projectifs vont des plus « positifs » ou favorables (laudatifs) aux plus « négatifs » ou défavorables (dépréciatifs).

stéréotypes de conduite prenant le présent pour le passé et ne cherchant que le plaisir et la satisfaction. Ainsi leurrée, la personne ne parvient pas à tenir compte de la réalité actuelle dans sa nouveauté.

L'alliance ou le lien avec l'autre

Même si la configuration de l'alliance est la plus rare, elle existe et mérite d'être précisée. Lorsque le lien est clairement établi entre deux personnes distinctes, qui s'estiment et souhaitent se connaître, une relation *à parité*, réciproque et féconde peut se déployer. L'autre est vraiment considéré comme un individu différent et réel. Le désir qui fonde le lien est un désir de connaissance réciproque, par une découverte progressive, au fil des rencontres, des expériences vécues ensemble. Dans ce cas, la rencontre, la découverte et la connaissance sont mutuelles. La relation est constituée de partages, d'échanges (dons et contre-dons), mais aussi de périodes de solitude et de silence, nécessaires pour que chacun puisse se retrouver après les moments passés ensemble. L'alliance de confiance et de respect entre les deux personnes favorise des ajustements progressifs entre elles : chacune évolue à son rythme propre, pour elle-même mais aussi en fonction de l'autre, ce qui favorise une évolution accordée (suffisamment harmonieuse) de la relation.

Samia et Kevin vivent ensemble depuis de longues années. Pour leurs amis, ils représentent un couple qui arrive à inventer l'amour au fur et à mesure des événements, en puisant en eux et dans leur relation les ressources pour dépasser les crises. Ils sont indépendants, distincts l'un de l'autre ; chacun a une personnalité forte et bien définie. Ils prennent le temps de se parler de ce qui va bien ou moins bien, et arrivent à communiquer avec leurs enfants, y compris lorsque ceux-ci souffrent ou traversent des épreuves. Samia et Kevin ne sont pas des individus idéaux, ils ont simplement créé entre eux un lien solide, humain et respectueux...

Nous voici parvenus au terme de ce tour d'horizon par lequel nous avons essayé de mettre en évidence diverses formes de transferts dans les relations de la vie quotidienne. Allons maintenant enquêter dans l'histoire de la psychanalyse pour distinguer les différentes conceptions de ce phénomène.

Partie II

Allons un peu plus loin

*L'ensemble du discours psychanalytique relève plus
ou moins de l'absence. Tout ce qui y est énoncé est interprété
en référence au transfert comme concernant quelqu'un d'autre,
dans une relation qui renvoie à l'ailleurs et à l'autrefois.*

A. Green, *Illusions et désillusions du travail psychanalytique*

La notion de transfert est d'autant plus importante pour les psychanalystes qu'elle constitue l'un des deux piliers du travail psychanalytique, l'autre étant l'inconscient. Elle renvoie directement à la pratique même de la psychanalyse, séance après séance.

Donnons à nouveau une définition : dans ce cadre, le transfert « correspond à l'actualisation des désirs inconscients et des modèles relationnels intériorisés » qu'un patient adresse

à son psychanalyste[1]. « Il s'agit là d'une répétition de proto-
types [schémas] infantiles, vécue avec un sentiment d'actualité marqué[2]. » Pour le psychanalyste britannique
J. Bowlby, la psychanalyse ne crée pas le transfert, car toute
relation humaine est le support de projections des modèles
relationnels intériorisés.

L'inventeur de la psychanalyse S. Freud lui-même, dès
1910, précise ce phénomène aussi vigoureux que
surprenant : « Comme dans le rêve, le patient attribue à ce
qui résulte de ses émois inconscients réveillés un caractère
d'actualité et de réalité. Il veut agir ses passions, sans tenir
compte de la situation réelle[3]. »

Cette définition sera notre point de départ pour observer
l'évolution de la notion de transfert au fil du temps, en
théorie et en pratique…

---

1. NACHIN C., *Sigmund Freud, sa vie, son génie, ses limites*, Bréal, 2010,
   p. 53.
2. LAPLANCHE J., PONTALIS J.-B., *Vocabulaire de la psychanalyse, op. cit.*,
   p. 492.
3. FREUD S. (1912), « La dynamique du transfert », *La technique psychanalytique*, PUF, 1997, p. 60.

La découverte des phénomènes transférentiels : S. Freud et S. Ferenczi

C'est une chose bien étrange que le patient réincarne
dans son psychanalyste un personnage du passé.

S. Freud, *Abrégé de psychanalyse*

S. Freud repère la clé de voûte de la psychanalyse

Vers 1895, S. Freud pratique déjà la psychanalyse depuis une dizaine d'années. Il découvre alors avec étonnement une des manifestations de la *puissance du lien thérapeutique* lorsque l'une de ses patientes, à la fin d'une séance, lui demande brusquement de l'embrasser[1]. Les forces en jeu entre patient et praticien deviennent alors pour lui un thème de recherche privilégié. Ainsi, il observe que, pendant sa psychanalyse, le patient « crée un genre particulier de formations de pensées, pour la plupart inconscientes, auxquelles il est possible de donner le nom de *transferts* ». À quoi correspondent ces transferts ? Il s'agit de « fac-similés

---

1. FREUD S. (1895), « La psychothérapie de l'hystérie », *Études sur l'hystérie*, PUF, 2002.

de motions et de fantasmes qui sont ravivés et rendus cons-
cients au fur et à mesure que se déroule la psychanalyse[1] ».
Des situations anciennes sont réveillées et semblent
concerner non le passé, mais le présent de la relation avec le
thérapeute.

De fausses alliances provoquées par des réminiscences

> La psychanalyse ne crée pas le transfert ;
> elle ne fait que le dévoiler.
>
> S. Freud, *Cinq leçons sur la psychanalyse*

Pour S. Freud, les transferts correspondent à de nouvelles
éditions d'expériences psychiques vécues autrefois. Ils se
manifestent par le biais de fausses connexions et de mésal-
liances. Une représentation[2] refoulée, donc inconsciente,
« s'allie à quelque représentation anodine » du présent de la
relation thérapeutique, qui « lui sert de couverture » et à
laquelle elle « transpose son intensité », donc sa démesure.
Voilà ce que le psychanalyste viennois appelle un transfert[3].

---

1. FREUD S. (1910), « Fragment d'une analyse d'hystérie » (Dora), *Cinq
   psychanalyses*, PUF, 1954, p. 86. Une *motion* est un mouvement
   affectif conscient ou inconscient dérivant d'un *affect* (émotion) ou
   d'une *pulsion* (impulsion). Le terme *fantasme* désigne les productions
   imaginaires de l'individu, souvent dans un but défensif (protection
   contre une réalité difficile ou fixation à un mode de jouissance).
2. Idée imagée que l'on se fait d'une chose, d'un être ou d'un événement.
3. FREUD S. (1900), *L'interprétation des rêves*, PUF, 2010, pp. 478-479.

> Karine, âgée d'une quarantaine d'années, peine à exprimer ce qu'elle ressent en séance. Cette difficulté lui pèse. Elle croit déceler de l'ennui dans le silence de son psychanalyste. Quelques séances plus tard, elle déclare qu'elle craint de ne pas l'intéresser. Progressivement, elle se rend compte que ce n'est pas du tout le cas, et que son thérapeute l'écoute attentivement. Son sentiment provenait en fait du peu d'attention dont elle avait bénéficié enfant, puis adolescente, de la part de ses parents.

Les transferts correspondent à des idées, des fantasmes, des émotions, des sentiments et des désirs du patient qui sont reportés sur le psychanalyste. La tâche de ce dernier est de les repérer pour les « dissoudre » les uns après les autres. Certains de ces mouvements sont *manifestes*, donc explicites, lorsque le patient désigne le psychanalyste personnellement. D'autres sont *latents*, donc implicites, lorsque le patient éprouve à l'égard de son psychanalyste des sentiments vifs non exprimés, voire encore inconscients.

Aussi, au premier abord, ces manifestations sous-jacentes peuvent parfois sembler un frein au bon déploiement d'une psychanalyse, du fait de leur caractère illusoire. « Le transfert apparaît comme une résistance du patient opérant une mésalliance, un faux rapport entre sa relation actuelle avec le thérapeute et une relation antérieure avec une personne importante de son entourage[1]. »

---

1. NACHIN C., *Sigmund Freud*, *op. cit.*, p. 21.

Pourtant, si certains mouvements transférentiels peuvent constituer de fortes résistances et empêcher la levée des refoulements[1], ils peuvent également se révéler de puissants leviers permettant de faire évoluer la cure psychanalytique[2], notamment du fait du désir de connaissance qu'ils soutiennent.

Le souvenir, étape majeure de la transformation

> *Tout se passe – ici et maintenant – comme si là et ailleurs.*
>
> J.-B. Pontalis, *L'étrangeté du transfert*

S. Freud donne la clé de cet aspect particulièrement favorable à la transformation : *se souvenir* au lieu d'agir aveuglément, par automatisme. « Le transfert permet de remplacer chaque fois davantage la répétition par la remémoration[3]. » D'autant qu'il ne s'agit pas de reproductions à l'identique, mais bien de « nouvelles éditions », qui portent en elles le désir de parvenir à la conscience. Ainsi, l'affaiblissement progressif de la résistance découlant du transfert favorise le retour de la mémoire traumatique, et donc son élaboration personnelle : sa mise en pensées et en paroles par le patient.

---

1. Le refoulement désigne une action psychique par laquelle un individu repousse dans son inconscient la représentation d'une réalité désagréable, gênante, embarrassante, honteuse ou douloureuse.
2. NACHIN C., *op. cit.*, pp. 53-54.
3. FREUD S. (1914), « Remémoration, répétition et perlaboration », *La technique psychanalytique, op. cit.*

Mathias prend rendez-vous lors d'une phase difficile où il se sent submergé par des émotions très fortes survenant à l'improviste qui l'empêchent de travailler. Il parle avec facilité de son quotidien, mais a plus de mal à exprimer ses ressentis. Une fois que la relation thérapeutique avec son psychanalyste semble bien établie, il manque de plus en plus souvent des séances, en prévenant au dernier moment. Cette façon d'agir (ne pas se rendre au rendez-vous) vient signifier les nombreux abandons que Mathias a vécus avec ses parents, puis oubliés[1]. « Agir l'abandon » avec son psychanalyste est une première façon d'en retrouver le souvenir.

Le patient « répète ce qu'il a refoulé » sous la forme d'une « expérience vécue dans le présent[2] » avec son psychanalyste. Il s'agit d'un événement réel : il se passe là vraiment quelque chose d'important pour le patient. Contrairement au passé, il vit désormais cet événement devant un *témoin*, qui se consacre à lui, l'écoute, observe avec lui ce qui lui échappe, pour le révéler et le nommer. Devenu conscient de ce qu'il transpose dans le lien avec son thérapeute, le patient trouve les ressources pour changer peu à peu la teneur de ses relations avec les autres.

1. TOMASELLA S. , *Le sentiment d'abandon*, Eyrolles, 2010.
2. FREUD S. (1920), « Au-delà du principe de plaisir », *Essais de psychanalyse*, Payot, 2001, pp. 57-58.

Comment ce processus peut-il avoir lieu ? S. Freud répond
en 1938 dans sa dernière œuvre récapitulative, *Abrégé de
psychanalyse*, comme il l'a déjà fait entre 1910 et 1914 : par
un accord, un « contrat », un « pacte[1] » entre le patient et
son psychanalyste, selon lequel le patient s'engage à tout
dire à son psychanalyste, sans se restreindre et sans se
censurer, seule façon « d'ouvrir tout grand l'accès de son
inconscient[2] ». C'est le principe de l'*association libre*, fondement de la psychanalyse.

S. Ferenczi fait place aux sensations et aux émotions

> *La ressemblance entre la situation psychanalytique et*
> *la situation infantile incite plutôt à la répétition ;*
> *le contraste entre les deux favorise la remémoration.*
>
> S. Ferenczi, *Journal clinique*

Le psychanalyste hongrois Sándor Ferenczi, d'abord patient
puis ami de S. Freud, qu'il a rencontré en 1908, développe
la psychanalyse et y apporte des innovations techniques. Il
est le premier à affirmer que les phénomènes de transfert ne
concernent pas que la situation psychanalytique, et peuvent

---

1. FREUD S. (1938), *Abrégé de psychanalyse*, PUF, 1941, p. 47 : « C'est ce
   pacte qui constitue toute la situation psychanalytique. » S. Freud
   précise également qu'il convient d'encourager et de rassurer le
   patient…
2. FREUD S. (1910), *La technique psychanalytique*, p. 24. Voir également
   TOMASELLA S., *L'inconscient, op. cit.*

se retrouver dans toute forme de relation. Il est également le premier psychanalyste à inviter ses patients à exprimer tout ce qu'ils pensent *et ressentent*, c'est-à-dire à lui faire part également de leurs sensations, de leurs perceptions, de leurs sentiments et de leurs impulsions à agir.

Dans la relation de transfert, le psychanalyste joue le rôle de « catalyseur » affectif et émotionnel. Ainsi, lorsque l'association libre lui paraît entravée ou difficile, S. Ferenczi va jusqu'à proposer à ses patients des exercices de relaxation. La détente profonde obtenue grâce à ces exercices favorise chez eux la possibilité de parler de façon fluide, profonde et spontanée, tout en leur donnant accès à leurs émotions enfouies. Cette atmosphère de confiance avec le psychanalyste permet la mise au jour des schémas relationnels plus ou moins anciens qui entravent la liberté d'expression et d'existence du patient.

S. Ferenczi valorise la vie affective du patient, en accordant à celle-ci une vraie place dans le processus de la cure psychanalytique. Il souligne qu'il est inutile d'expliquer intellectuellement au patient ses « fonctionnements » : mieux vaut le laisser retrouver et exprimer ses émotions, afin qu'il puisse recomposer son passé et préparer son avenir. S. Ferenczi exprime l'importance de la relation fondatrice du bébé avec la personne maternante. Comme cette dernière, le thérapeute est invité à être attentif et inventif à tout instant vis-à-vis du patient.

Brune, jeune adolescente, est en crise contre sa mère Christine qui l'élève seule. En désaccord sur certains aspects concrets de la vie quotidienne, mère et fille se

disputent de plus en plus souvent et de plus en plus vio-
lemment. L'une et l'autre se raidissent et se braquent
chaque fois davantage. Le dialogue semble devenu
impossible. Christine arrive tant bien que mal à convain-
cre sa fille d'aller parler à une psychanalyste. Celle-ci
constate l'ampleur de la mésentente, ainsi que la révolte
et le désespoir de Brune. Pour faire en sorte que l'adolescente puisse venir la voir chaque semaine, elle accepte de
la recevoir le dimanche matin, quitte à lui consacrer plus
de temps que prévu lorsque la situation est très tendue.
Se sentant vraiment accueillie, la jeune fille accepte avec
joie de s'engager dans un processus thérapeutique de
fond.

S. Ferenczi affirme l'importance du tact, de l'humanité et de
l'empathie du thérapeute envers son patient, être humain
unique dont l'histoire est particulière et la psychanalyse
spécifique, comparable à aucune autre. L'apparition et la
nomination des phénomènes transférentiels sont facilitées
par l'alliance thérapeutique avec le psychanalyste, qui aide
notamment le patient à explorer les traumas qu'il a vécus,
traumas jusqu'alors oubliés ou trop douloureux pour être
racontés[1].

---

1. NACHIN C., *La méthode psychanalytique*, Armand Colin, 2004,
   pp. 27-39.

Les premiers développements :
M. Klein, J. Lacan, A. Green

Le transfert ne s'adresse pas à la personne du praticien.
Il s'adresse à travers lui, au-delà de lui.
Il s'adresse à celui qui saurait quelque chose sur la sexualité
et la mort, celui qui est supposé savoir.

D. Lemler, *Répondre de sa parole*

Il serait illusoire de croire – et hasardeux de soutenir – que
la psychanalyse pourrait être standardisée et normalisée,
d'une façon ou d'une autre. Bien au contraire, non seulement chaque psychanalyste est différent des autres, mais
plus encore, chaque psychanalyse est unique et, même,
chaque séance singulière. Fondée sur une relation d'être
humain à être humain, la pratique de la psychanalyse ne
peut par conséquent être réduite à un protocole établi
d'avance. Tout y est découverte et surprise. Il n'est donc pas
étonnant que chaque psychanalyste parle du transfert de
façon très subjective, plus encore avec des termes très différents d'une période à l'autre, ou d'un patient à l'autre...

Mélanie Klein et la relation à autrui

Dans l'esprit du tout-petit, toute expérience externe est entremêlée
avec ses fantasmes et tout fantasme contient des éléments
de l'expérience réelle. Ce n'est qu'en décomposant les situations
de transfert jusqu'à ses profondeurs que nous sommes en mesure
de découvrir le passé, à la fois dans ses aspects réels et imaginaires.

M. Klein, *Le transfert*

Mélanie Klein fut la patiente de S. Ferenczi à Budapest,
avant de fuir la montée du nazisme et de partir s'installer à
Londres en 1926 pour y vivre et exercer la psychanalyse.
Elle précise que, « sous une forme ou sous une autre, le
transfert agit toute la vie durant et influence toutes les relations humaines[1] » et affirme que la vie relationnelle est
effective pour le petit humain *dès sa naissance*[2]. Tout vécu
intérieur d'un enfant, même nourrisson, implique la
présence d'un autre avec lequel il est en relation. Les difficultés surgissent lorsque cette relation fait défaut ou n'est
pas suffisamment fiable, ce qui provoque de l'angoisse chez
le nourrisson. Pour M. Klein, la forte pression provoquée
par le retour de l'angoisse dans certaines circonstances
engendre la tendance à répéter les expériences traumatiques, pour se dégager de la douleur et de l'incompréhension
que provoque la mémoire de ces drames. Ainsi, toute forme
de transfert plonge ses racines dans les aléas (heureux et

---

1. KLEIN M. (1952), « Les origines du transfert », *Le transfert et autres
écrits*, PUF, 2001.
2. Aujourd'hui, il est même devenu évident qu'elle commence *avant* sa
naissance.

malheureux) des premières relations du bébé avec ceux qui s'occupent de lui.

> Fabien a onze ans. Il est l'enfant unique de Gaëlle, qui a choisi de rester mère célibataire. Lorsqu'il était nourrisson, Gaëlle a été hospitalisée et ils ont été séparés l'un de l'autre pendant une quinzaine de jours. À son retour de clinique, Gaëlle imaginait que son bébé lui ferait la fête et qu'elle partagerait avec lui l'effusion des retrouvailles. Au lieu de cela, Fabien, ressentant une très forte émotion encore impossible à exprimer, observa sa mère avec une grande intensité pendant plusieurs jours, comme pour percevoir ce qu'elle était devenue (pour lui, elle avait disparu) et ce qu'elle ressentait à son égard. Déçue, Gaëlle se détourna de lui...
>
> Vers l'âge de dix ans, Fabien commence à consulter un psychanalyste parce qu'il se sent mal à l'école et a du mal à travailler. Dans le cadre de sa psychanalyse, Fabien remarque que ses relations avec les femmes qui ressemblent à sa mère, ont son âge ou jouent un rôle maternel, sont encombrées de cette première déception affective très forte. Avec elles, il redouble d'efforts pour se faire accepter, par crainte d'être considéré comme un garçon incapable ou mauvais.

Selon M. Klein, tout ce que le patient a éprouvé enfant (attirance/répulsion, attachement/agressivité, tendresse/hostilité, etc.) vient colorer les mouvements inconscients qu'il a envers son psychanalyste. Il existe donc des « transferts positifs » et des « transferts négatifs », qui peuvent parfois cohabiter. Le psychanalyste peut également représenter les deux parents à la fois, ou le couple qu'ils formaient face à l'enfant. Il va ainsi aider le patient à prendre conscience de ce que celui-ci rejoue dans la situation thérapeutique.

La psychanalyse pourra prendre fin lorsque les angoisses, notamment la crainte d'être persécuté, et la culpabilité[1] auront suffisamment diminué pour que le patient accepte qu'il n'est pas tout-puissant, qu'il ne peut pas tout maîtriser et que sa vie psychique est en grande partie inconsciente. Il devient alors également capable de vivre seul, séparé des autres, et de traverser les moments de dépression (abattement, découragement ou tristesse) que cette solitude lui inspire parfois[2].

Jacques Lacan et le transfert comme nom de l'inconscient

> *Le Réel, c'est le mystère du corps parlant,*
> *c'est le mystère de l'inconscient.*
>
> J. Lacan, *Encore*

Pour le psychanalyste français Jacques Lacan, le transfert est l'« inconscient en acte[3] ». Dans un premier temps, souvent long, ce phénomène constitue une « impasse » : il n'est

---

1. Selon M. Klein, vers un an, l'enfant traverse une phase durant laquelle il se sent isolé du monde et persécuté. Il en veut ensuite à la personne qui, selon lui, est à l'origine de cette persécution et imagine la détruire, ce qui le conduit à se sentir coupable, puis déprimé. Seule cette capacité à vivre la dépression l'aidera à retrouver un contact réel avec la personne qu'il a imaginé détruire…
2. KLEIN M. (1952), « Les origines du transfert », *op. cit.*
3. DELAUNAY P., *Les quatre transferts*, Fédération des ateliers de psychanalyse, 2011, p. 109.

qu'un leurre, une opinion imaginaire, une supposition sans fondement réel. Aussi J. Lacan va-t-il chercher un moyen de « mettre un terme au flux du bla-bla analytique sous transfert[1] », à ce qu'il nomme la « parole vide ». Il désigne le transfert comme une « croyance » sur un *inconscient supposé* par le patient. Avant le travail psychanalytique, le patient ne sait pas bien ce qu'est son inconscient. C'est le psychanalyste qui va pointer peu à peu des éléments inconscients chez son patient. Ce dernier peut ainsi avoir l'impression que cet inconscient est « localisé » chez le psychanalyste (« c'est vous qui le dites ! »), qui détiendrait un savoir sur lui auquel le patient n'aurait pas accès. Au fil du temps, le patient va faire l'expérience de l'exploration d'un inconscient non plus « supposé » et imaginaire, mais *réel* et singulier : le sien propre. Il s'agit d'un espace psychique inouï, jusqu'alors inconnu de lui, où agit une vérité – particulière – qui le concerne[2].

Pour vivre ce passage, le patient accepte de lâcher le contrôle qu'il exerce sur sa parole, lorsqu'il la surveille pour en demeurer le maître et ne dire que ce qu'il sait ou croit savoir. À partir du moment où il laisse jaillir de lui une *parole libre* à travers laquelle il ne sait pas ce qu'il dit, des « signifiants inattendus » surgissent à son insu. Il perçoit alors que ni lui ni son psychanalyste ne savent encore ce qu'il en est. De ces surprises naîtra pour lui une position

---

1. SOLER C., *Lacan ou l'inconscient réinventé*, PUF, 2009, p. 41.
2. TOMASELLA S., *L'inconscient*, *op. cit.*, pp. 59-65.

différente, une place nouvelle, grâce à laquelle il n'aura plus besoin de croire ou de supposer qu'un autre pourrait savoir ce qu'il en est pour lui[1].

Il existe en lui, comme chez tout autre, du non-pensé et du non-maîtrisé : échec, incertitude, impuissance… Il n'a donc plus besoin d'attendre qu'un autre lui dise comment vivre, aimer, mourir, ou même penser et parler. En revanche, il peut s'attendre – de temps à autre – à déceler un sens original (et non général) dans ce qu'il fait ou dit, révélant son désir. Fort de cette expérience renouvelée avec ses patients, J. Lacan s'élève avec vigueur contre les interprétations : celles-ci ne font qu'empêcher l'ouverture à l'inconscient, en le rendant d'autant plus « endurci[2] ».

Le psychanalyste n'est que « le dépositaire de l'histoire » de son patient : il l'accueille, il est un *miroir symbolique*. Dans cet acte d'écoute, celui qui parle perçoit le reflet de ce qu'il dit, de ce qu'il est, de ce qu'il désire. Alors, peu à peu, sa parole devient « pleine », c'est-à-dire authentique, sincère, véritable.

> Carmen, âgée d'une cinquantaine d'années, voulait pendant longtemps « avoir raison » et « en imposer ». Suite à un licenciement, elle décide de consulter un psychanalyste et choisit l'auteur d'un livre à succès, supposant que la notoriété est une garantie de compétence.

---

1. LACAN J., *Écrits*, Seuil, 1966.
2. SOLER C., *op. cit.*, p. 45.

Quelques mois plus tard, lors d'un colloque auquel elle assiste parce que son psychanalyste y fait une intervention, elle rencontre Claire, une femme un peu plus âgée qu'elle, pour laquelle elle a un véritable coup de foudre amical. Cette femme critique vivement le psychanalyste de Carmen et encense le sien, bien meilleur et bien plus compétent à ses yeux. Bien que contente du praticien qu'elle consulte, Carmen est déboussolée. Elle décide de quitter brutalement son psychanalyste pour s'en remettre aveuglément à celui de son amie, encore plus célèbre, et qu'elle idolâtre désormais.

Les mois passent, jusqu'au jour où Carmen trouve Claire « insupportable et tyrannique ». Prenant ses distances avec cette dernière, elle rompt de nouveau brutalement sa psychanalyse, pour aller consulter une femme discrète et simple, avec laquelle elle va enfin pouvoir parler d'elle sincèrement, en toute liberté et en prenant le risque de dire qui elle est vraiment. Peu à peu, Carmen réalise qu'elle avait jusqu'alors eu besoin de se trouver un « maître à penser » qui lui dispense directement un « savoir ». Elle va alors prendre le temps d'aller chercher en elle les questions vives qui étaient les siennes, puis d'y apporter ses propres réponses.

Du fait de ses attentes, le patient place au départ le psychanalyste dans la position de celui qui est *supposé savoir*. Il découvre progressivement qu'un tel personnage « sachant pour l'autre » n'existe pas et que lui seul peut – s'il le souhaite –, plus ou moins et pas à pas, comprendre ce qu'il vit...

André Green et la triangulation ouverte
ou relation tierce

> *L'amour de transfert est un amour vrai, réel,*
> *capable d'élans passionnels et, en même temps, quelque chose*
> *fait sentir qu'il n'est pas vrai, qu'il est le produit d'une illusion.*
>
> A. Green, *Illusions et désillusions du travail psychanalytique*

Même s'il est un lecteur attentif de M. Klein et de J. Lacan, le psychanalyste André Green suit son propre chemin. Selon lui, le « kleinisme » et le « lacanisme » sont devenus des doctrines et reposent sur un mécanisme similaire : la défense d'un modèle réductionniste érigé en dogme poussant à « idolâtrer un chef de file ». Pour éviter ces impasses, il ne propose ni discours, ni école, ni langue de bois, ni même système, mais un cadre de pensée libre, qui favorise la recherche. Il s'appuie notamment sur la position du pédiatre et psychanalyste britannique Donald Winnicott qui, dès 1954, fait remarquer que ses prédécesseurs[1] ont négligé le rôle primordial joué par l'environnement, en particulier en ce qui concerne le développement de l'enfant[2].

Pour A. Green, la règle fondamentale de la psychanalyse, *l'association libre*, favorise non seulement la manifestation des divers mouvements transférentiels provenant du patient

---

1. S. Freud et M. Klein.
2. GREEN A., *Illusions et désillusions du travail psychanalytique*, Odile Jacob, 2010, pp. 111 et 249.

à son insu, mais également leur repérage par le psychanalyste (et parfois par le patient lui-même). Elle seule permet
au patient de « s'adresser à quelqu'un qui peut être à la fois
ressenti comme là, ailleurs ou possiblement perdu ». Aussi
sa parole devient-elle riche de plusieurs sens potentiels.
L'incertitude va pouvoir également « porter sur l'identité
du destinataire ». Qui écoute : une personne du présent ou
d'un passé récent, une personne de l'enfance ou de l'adolescence, une personne qui en représente une autre ? Qui parle
à qui et de quoi ? La parole du patient devient métapho-
rique, « rêvante » : à la fois allégorique, imagée et poétique.
Un transfert se fait donc sur la parole, qui peut être très
investie en termes d'espoir, d'attente, et prend une grande
importance. Ainsi, la situation n'est plus duelle, fermée,
entre le patient et son psychanalyste : elle devient triangu-
laire et ouverte. Il y a, en plus et entre eux, un *tiers symbolique*, constitué par la dimension de l'inconscient et de son
exploration, présent à chaque séance[1]. Cette dimension est
intrinsèquement créative[2]…

Ainsi, la cure psychanalytique est un espace privilégié au
sein duquel peuvent se déployer deux formes de mouvements transférentiels : les *transferts sur le psychanalyste* à qui

---

1. *Ibid.*, pp. 72-74. Concernant la parole rêvante, ou flottante, fruit de
l'association libre, A. Green évoque une « parole couchée à destinataire dérobé ». Cette qualité de parole est possible grâce à la situation
psychanalytique qui engendre une « triangulation ouverte avec tiers
substituable ».

2. TOMASELLA S., *L'inconscient, op. cit.*

s'adresse le patient, et les *transferts sur la parole* par laquelle
le patient cherche à exprimer, puis représenter, sa vie intérieure[1].

---

1. GREEN A., *op. cit.*, p. 248. Lire aussi « De la tiercéité », *Monographies
    de la Revue française de psychanalyse*, PUF, 1990.

Pluralité des transferts

Là réside le paradoxe du transfert :
le psychanalyste est à la fois le transitaire et le destinataire.

J.-B. Pontalis, *L'étrangeté du transfert*

Avec S. Freud, le psychanalyste est en place parentale (celle du père surtout). S. Ferenczi accepte aussi d'être situé dans un rôle maternel. Pour J. Lacan, le psychanalyste est également en surplomb (il est « supposé savoir »). Inversement, C. Nachin a pu repérer que le psychanalyste est parfois mis à la place de l'enfant (fille ou fils, selon l'histoire). Dans tous ces cas de figure, le transfert est vertical.

René Kaës mentionne, lui, des exemples de transferts fraternels. À la fin de sa vie, S. Ferenczi a développé la possibilité d'une relation transférentielle de semblable à semblable. À sa suite, d'autres psychanalystes mettent également en évidence des mouvements de transfert horizontal : soit de type « symbiotique », soit dans une forte interdépendance psychique.

Le patient thérapeute

Développer une relation durable présente des risques, dont celui d'une fusion avec l'autre et celui de la perte d'un soi maître de tout.

H. Searles, *Le contre-transfert*

Dans la continuité de S. Ferenczi, puis de M. Klein et D. Winnicott, le psychanalyste américain Harold Searles propose de nombreuses observations très fines sur les manifestations de transferts telles qu'il les repère au cours de son travail thérapeutique quotidien au sein d'une institution psychiatrique[1] de 1950 à 1980 environ.

Pour H. Searles, une des premières phases du transfert dans le déroulement d'une psychanalyse est une forme de « symbiose » entre le patient et son thérapeute. Cette période « symbiotique » dure plus ou moins longtemps[2]. Rappelant la relation très proche et attentive de la mère avec son nouveau-né, elle apporte au patient une forme de fiabilité fondamentale dont il a besoin pour se sentir en

---

1. Il s'agit de l'hôpital Chestnut Lodge à Chicago.
2. Elle est parfois précédée d'une période « autistique » (H. SEARLES, *Le contre-transfert*, Gallimard, 1981). Le mot *symbiose*, souvent mal employé, peut être source de confusion. Je préfère parler de « forte proximité psychique inconsciente » ou de « partage de l'intimité psychique », ce partage pouvant être particulièrement intense (tant qu'il reste inconscient). D'autres, comme N. Abraham ou M. Torok, utilisent la notion d'« unité duelle ». P. Delaunay propose, lui, l'idée d'un « appareil psychique pour deux » (*op. cit.*, pp. 135-145).

confiance[1]. Cette phase lui permet également de découvrir ce qui n'est pas encore *individué* en lui : attirance et répulsion, tendresse et hostilité, soi et autrui ne sont pas encore bien différenciés.

H. Searles constate que ses patients, à la personnalité fortement détruite, acceptent pour la première fois cette « symbiose » au lieu de l'éviter. Mieux encore, plus ou moins *consciemment*, ils vont chercher dans cette phase à jouer eux aussi un rôle thérapeutique auprès de leur psychanalyste.

> Marco a cherché durant son enfance à soigner sa mère, profondément déprimée, mais il n'y est pas parvenu. Au cours de sa psychanalyse, les échanges avec son thérapeute lui donnent l'occasion de percevoir que ses capacités d'être humain doué d'empathie sont réelles. Il se relève de l'échec de son enfance et ne se sent plus coupable de n'avoir pu aider sa mère à aller mieux.

Dans la pratique, encore peu de psychanalystes acceptent de vivre cette étape de très grande *proximité psychique* avec leurs patients[2], car elle les effraie et pourrait mettre en évidence la part de chaos fondamental qui reste encore tapie au fond d'eux. Pourtant, elle est nécessaire pour que les ressentis les plus intenses du patient puissent accéder progressivement à

---

1. *Cf.* « L'environnement suffisamment porteur » dans *De la pédiatrie à la psychanalyse* de D. Winnicott (Payot, 1969).
2. Lire GENDRON M.-J., « D'un corps à l'autre, ça parle sans mots », *Epistolettre*, FAP, 2012.

la conscience[1] (haine, envie, jalousie, rage, désespoir, découragement, déception…) sans en rester à une mentalisation
vaine, car abstraite[2] et désarrimée du réel.

Faire ressentir à l'autre ce que l'on ne peut ressentir

> *Pour arriver à dépasser {cette contradiction},*
> *il lui fallait m'infliger une contradiction de même nature*
> *que celle qu'elle avait subie.*
>
> D. Anzieu, *La communication paradoxale*

Nous avons vu avec S. Freud et S. Ferenczi que les transferts
correspondent à des actes par lesquels se rejouent des
éléments d'un drame oublié. Ce qui va se réitérer dans la
relation avec le psychanalyste a déjà eu lieu dans la vie du
patient, mais n'a été ni compris ni conscientisé. Ces événements réels cherchent ainsi à trouver une place psychique et
disent l'« essentiel du patient ». J.-B. Pontalis précise :

> « Le transfert est un agir, le transfert est une passion, non
> un dire (ou alors un dire qui est faire) et c'est ce qui rend si
> difficile, aussi bien pour le patient que pour le psychana-
> lyste, d'en parler[3]. »

---

1. Conscience du psychanalyste le plus souvent, qui les repère en
   premier, puis du patient.
2. SEARLES H., *Le contre-transfert*, *op. cit.*
3. PONTALIS J.-B., « L'étrangeté du transfert », *La force d'attraction*,
   Seuil, 1990, p. 72.

Une telle difficulté est accrue lorsque les mouvements profonds encore inconscients sont tellement contradictoires qu'ils bloquent et figent la dynamique de la thérapie. Essayant de comprendre ce qui met ainsi patient et psychanalyste à l'épreuve, le psychanalyste français Didier Anzieu[1] découvre dans les années soixante-dix qu'il existe des situations de dilemme ou *transferts paradoxaux*, qui juxtaposent des éléments antinomiques et incompatibles[2].

Lorsque la relation thérapeutique se tord pour devenir non seulement ambivalente, mais surtout paradoxale, c'est que le patient est en train de faire vivre à son psychanalyste le système de *triple contrainte* dans lequel il a grandi. Ce système est constitué de trois forces concomitantes :

- une demande apparente (explicite), très fortement valorisée par l'environnement ;
- une contrainte inconciliable avec la demande ouverte, qui demeure cachée (implicite) ;
- l'impossibilité absolue de critiquer le système et de dénoncer le dilemme insoluble.

---

1. Clinicien éclairé et chercheur infatigable, D. Anzieu a beaucoup apporté à la psychanalyse. Sa contribution la plus connue concerne la façon de vivre ses contours corporels, sa peau et les représentations de son propre corps (*Le moi-peau*, Dunod, 1995). Il a également réfléchi aux phénomènes de groupe (*Le groupe et l'inconscient*, Dunod, 1999).
2. ANZIEU D., « De la communication paradoxale à la réaction thérapeutique négative », *Nouvelle Revue de psychanalyse*, n° 12, automne 1975.

À quarante-deux ans, Alexandre vient consulter pour essayer de sortir d'une logique d'échec qu'il ne comprend pas. Il est découragé et amer. Après quelques mois durant lesquels il raconte sa vie quotidienne, sans vraiment s'impliquer, il en vient à reprocher à son psychanalyste de ne pas l'aider. La situation s'enlise, et Alexandre se plaint : « Cela n'avance pas, j'ai l'impression de tourner en rond. » Le psychanalyste, partant de ses ressentis, indique à son patient ce que celui-ci est en train de lui faire vivre. Après un silence, Alexandre reconnaît exactement ce qu'il ressentait confusément lorsqu'il était enfant, puis adolescent.

D'un côté, son père le survalorisait ostensiblement au détriment de son autre frère, désignant en lui le vrai « mâle », l'héritier qui doit réussir et porter haut le flambeau familial. D'un autre côté, son père ne supportait pas l'idée que son fils puisse le dépasser ou même faire aussi bien que lui : il lui imposait donc inconsciemment de ne surtout pas réussir. Enfin, son père refusait toute remise en cause de ses attitudes, comportements ou discours.

Resté prisonnier de ce système de contraintes incompatibles, Alexandre, devenu adulte, continue à se démener énergiquement pour réussir, mais se débrouille pour échouer systématiquement et ne pas mettre son père en « danger »...

Une dynamique transitionnelle

Le transfert est un acte transitif.

D. Lemler, *Répondre de sa parole*

La psychanalyse est sans cesse *en mouvement :* voyage et migration, elle favorise le changement. Pour respecter sa dynamique sous-jacente, il est nécessaire de laisser se mouvoir l'expression : les mots, autant que les représentations. Il est vital aussi de permettre au patient de migrer d'un ici à un ailleurs, d'un passé fermé à un présent ouvert, d'un monde de fantasmes à un univers de fantaisie, puis à la réalité. Il est ainsi fondamental que chacun puisse évoluer à sa façon et à son rythme.

Loin des courants clos ou des écoles fermées, la plupart des psychanalystes chercheurs, à l'écoute des personnes qui viennent se confier à eux et au service de la pratique thérapeutique, font progresser jour après jour la compréhension de la nature humaine et favorisent son évolution.

Nous pourrions citer de nombreux psychanalystes contemporains pour illustrer l'humilité et la souplesse de praticiens sans préjugés. Tous constatent lors de chaque rencontre que les phénomènes transférentiels sont complexes : ceux-ci varient non seulement d'un individu à l'autre, mais aussi d'un moment à un autre, et même au cours d'une séance.

Ce que nous pouvons retenir est une certaine aisance dans la relation avec l'autre, qui crée une « aire de jeu », comme le propose D. Winnicott[1]. Ainsi, aucune forme de transfert, même hostile ou violente, ne demeure longtemps dramatique. Loin de toute position dogmatique, deux êtres humains cherchent ensemble lors d'une psychanalyse. Certes, des mouvements transférentiels surviennent de temps à autre, mais il existe avant tout un lien entre deux

---

1. WINNICOTT D., *Jeu et réalité*, Gallimard, 1975. L'aire de jeu est un « espace transitionnel » qui permet les passages (allers et retours) entre la réalité intérieure et la réalité extérieure.

personnes : il se passe quelque chose d'important dans la relation. Cette rencontre humaine partagée régulièrement favorise de petits moments de relation authentique. Elle permet alors d'avoir confiance et de renoncer à la maîtrise. Le patient devient un individu créatif dans son existence, ses liens affectifs et son travail.

Pour finir ce tour d'horizon, prenons l'exemple du psychanalyste Pierre Delaunay et de sa perception des différentes formes de transferts, qui correspondent toutes – au sens de S. Freud – à des moments où le patient « répète » d'anciens schémas personnels, c'est-à-dire « agit au lieu de se souvenir[1] ». Il distingue ainsi :

- le *transfert direct* (dire ce que d'autres nous ont dit, ou également faire ce que nous avons déjà fait) : le patient répète le discours parental, familial ou social qui est celui de son histoire. Il en fait sa « norme », sa référence unique, exclusive. Il peut aussi faire au psychanalyste ce qu'il a déjà fait à d'autres par ailleurs (ses modes de comportements relationnels), ou croire que le psychanalyste lui fait ce que d'autres lui ont déjà fait vivre ;

- le *transfert inversé* (faire ce que d'autres nous ont fait) : il correspond à l'« identification à l'agresseur » ou plus précisément à l'imitation du violenteur[2]. Le patient prend la place de l'adulte maltraitant et met le psycha-

---

1. DELAUNAY P., *Les quatre transferts, op. cit.,* p. 124. Sans oublier, comme nous l'avons déjà souligné, que tout diagnostic psychopathologique est non seulement inutile mais surtout irrespectueux.
2. TOMASELLA S., *La traversée des tempêtes – Renaître après un traumatisme*, Eyrolles, 2011, pp. 112-126.

nalyste à celle de l'enfant maltraité (ou abusé), lui faisant éprouver ce qu'il a lui-même ressenti lorsqu'il était enfant ;

* le *transfert interne* (nous faire à nous-mêmes ce que d'autres nous ont fait) : le psychanalyste peut repérer dans le discours du patient qu'il se dévalorise comme l'ont fait ses parents avec lui, qu'il se punit ou se rabroue comme l'ont fait ses professeurs, se rabaisse ou s'humilie comme le font ses collègues ou ses patrons, etc. Ce comportement peut aller jusqu'aux conduites d'échec, aux pratiques autodestructrices, voire au suicide ;

* le *transfert provoqué* (nous faire faire ce que d'autres nous ont fait) : le patient se débrouille pour inciter son psychanalyste à faire ou à dire quelque chose contre lui. Cela peut concerner un psychanalysant à un moment-clé de sa psychanalyse, mais cela correspond aussi à de nombreuses situations de la vie quotidienne (rapports avec l'autorité, délinquance), ou à certaines déviances sexuelles, notamment sadomasochistes…

Toutes ces formes de transferts peuvent être compliquées d'éléments symbiotiques ou paradoxaux, comme nous l'avons vu, ou s'intriquer les unes aux autres, ce qui les rend d'autant plus difficiles à repérer. D'autant que ces mouvements sont inconscients. Seules sont plus ou moins conscientes les rationalisations, les idées, les interprétations, les suppositions, etc., que le patient utilise pour expliquer ce qui lui arrive. À partir de sensations, d'images et d'hypothèses proposées, puis reprises et discutées, la rencontre entre le psychanalyste et le patient va permettre de rendre peu à peu conscientes ces manifestations jusqu'alors non reconnues.

Cette attitude de souplesse inventive, nécessaire pour débusquer les uns après les autres tous les phénomènes transférentiels qui se présentent à l'improviste et bien souvent masqués, rejoint complètement ce que Judith Dupont, éditrice et psychanalyste française, rappelle de S. Ferenczi :

> « Souvent Ferenczi se mettait en cause comme personne ne le faisait à l'époque. Il descendait vraiment de son fauteuil et (cela semble une évidence mais ce n'en est pas une) il écoutait le patient. Entre la théorie et le patient, il choisissait de croire le patient. La plupart d'entre nous, encore, écoute avec une grille théorique, et collecte ce qui veut bien entrer dedans[1]. »

Allons donc dans le cabinet du psychanalyste pour écouter et observer au plus près l'expérience chaque fois nouvelle du transfert...

---

1. Dupont J., This B., Sabourin P. (traducteurs en français de l'œuvre de S. Ferenczi), interviewés par R. Gentils, *La quinzaine littéraire*, 1982.

Partie III

En pratique !

> *Le traitement psychanalytique a pour objet*
> *le transfert lui-même, qu'il cherche à démasquer et à décomposer,*
> *quelle que soit la forme qu'il revêt.*
>
> S. Freud, *La technique psychanalytique*

Les mouvements transférentiels sont non seulement fréquents mais inévitables durant un parcours psychanalytique. Ils vont avant tout mettre en évidence le *référentiel* et la vision du monde du patient. Celui-ci propose – voire impose – au psychanalyste, avec plus ou moins de marge pour l'interroger, ce qu'il considère comme normal, standard, bien, mal, bon, mauvais, évident, valeureux, souhaitable, répréhensible, etc., mais aussi ce qui – pour lui ou dans son environnement – demeure innommable ou indicible.

La relation thérapeutique est le creuset dans lequel se déploient les mouvements transférentiels, de manière plus ou moins explicite et implicite. Toute relation étant sensorielle (sensations, perceptions) et affective (émotions, sentiments), avant d'être symbolique (pensée, parole), les transferts peuvent se manifester de façon non verbale. Il existe donc des risques à se réfugier dans l'intellectualisation, notamment en restant au niveau de la théorie. D'autant que le langage corporel et émotionnel spontané est sincère, alors que le discours peut être falsifié.

Précisons encore, avant d'explorer des exemples concrets, que tout mouvement transférentiel quel qu'il soit induit des mouvements en retour, sous forme d'interactions ou d'interactivité : il serait donc plus juste de parler d'*inter-transfert*…

Pour aider ses patients à exprimer sincèrement leurs expériences sensibles, le psychanalyste met en place un dispositif favorable à la confiance et à la détente[1], donc à la confidence.

---

1. À la suite de Françoise Dolto, certains parlent de « sécurité affective de base ».

Le cadre psychanalytique

Il n'y a pas de psychanalyse possible sans soutien et
ce soutien est réellement du champ de l'amour.

P. Delaunay, *Les quatre transferts*

Les règles (heure et jour du rendez-vous, durée, tarif des séances) sont précisées au début pour faciliter ensuite la parole libre du patient et, le cas échéant, repérer les écarts et les transgressions.

Le cadre est d'autant plus important que le patient est fragile. Celui-ci a besoin de se sentir accueilli humainement, « contenu » et « porté » par le psychanalyste et par l'ambiance chaleureuse, empathique. La fiabilité de l'environnement le rassure et l'encourage à s'exprimer librement sur sa vie intime. La relation se limite à l'échange de paroles, sans toucher physique, à part le bref salut.

Le tact est primordial. Il désigne la délicatesse attentive et respectueuse du *toucher psychique*. Se manifestant par l'écoute et la compréhension, il aide à entrer en contact avec la présence émotionnelle de l'autre, pour s'ajuster à sa situation existentielle. Le tact thérapeutique requiert disponibilité, ouverture et nuance, pour s'approcher au plus près du patient, de sa parole, de ses ressentis. Il se manifeste par une grande souplesse, très éloignée des interprétations théoriques et des interventions morales.

Une méthode dangereuse ?

La pratique de la psychanalyse ne peut devenir une « liaison dangereuse » que si – d'une façon ou d'une autre – le cadre n'est pas respecté. Le film *A dangerous method*, du réalisateur canadien David Cronenberg (2011), en est une illustration. La pratique de la psychanalyse est peu à peu mise au point au début du XXᵉ siècle. Trois « inter-transferts » (allers et retours de transferts) se télescopent, sans cadre et sans tiers extérieur impartial permettant de les révéler pour les élucider. Le Viennois juif S. Freud voit dans la figure du jeune psychiatre suisse et protestant C. G. Jung un « héritier » bienvenu et un vecteur de déploiement pour la psychanalyse en dehors de l'Autriche et du monde intellectuel judaïque. Leur relation est tout de suite fortement teintée de transpositions (et d'idéalisations), l'un voyant en l'autre son fils spirituel, et réciproquement, ce qui n'empêche pas le développement de fortes rivalités entre eux. Ces mouvements transférentiels sont rapidement compliqués par la relation amoureuse cachée que C. G. Jung entretient avec l'une de ses anciennes patientes, Sabina Spielrein. Celle-ci se prépare à devenir psychanalyste et voit en son ancien psychanalyste une figure paternelle. De son côté, C. G. Jung accepte de représenter pour la jeune femme un personnage proche de référence, au point de vivre une relation intime avec elle. Au moment de leur rupture amoureuse, suite à une dénonciation anonyme, S. Spielrein demande à S. Freud de jouer le rôle d'arbitre. Ce dernier y consent, sans avoir pourtant la distance affective nécessaire pour aider la jeune femme à y voir plus clair. Une telle collision d'inconscients aboutit à la rupture entre C. G. Jung et S. Freud, tous deux déjà en désaccord sur plusieurs points : le rôle de la sexualité infantile, les aspirations humaines des patients et l'ouverture à la spiritualité.

S. Spielrein, C. G. Jung et S. Freud sont des êtres humains, limités par leurs difficultés personnelles : la destructivité et le besoin d'attention de la première, les doutes et les questionnements du deuxième, l'intransigeance et l'ambition du dernier. À confondre pulsions, fantasmes et déterminismes avec l'amour, ils s'égarent chacun à leur façon, puis s'éloignent dans leur propre direction, sans avoir réussi à comprendre et à dépasser leurs conflits...

Dans la réalité, chaque psychanalyse et chaque patient étant uniques, il n'est pas possible de rencontrer des « transferts types » comme ils sont présentés dans les théories. Nous observons plutôt un mélange de différents phénomènes (assignations, amalgames, reports, transpositions, identifications, idéalisations, projections), avec plus ou moins de proximité psychique et de paradoxes. Découvrons maintenant ce qu'il en est concrètement à travers quatre récits de transferts...

Les transports amoureux
ou le *transfert pour*

Ce silence, à condition qu'il ne soit pas vide, est indispensable ;
c'est à partir de lui que naît enfin la parole. {…}
Le silence pour arracher le masque que sont parfois les mots,
s'accorder du temps pour sentir et penser.

C. Sales, *Vous êtes sale… je peux tout vous dire*

Voici l'histoire de Luiz. Il a connu un passage houleux durant lequel il a éprouvé des sentiments amoureux intenses pour sa psychanalyste, qu'il lui adressait *sans qu'ils lui soient destinés…*

Luiz contacte sa psychanalyste alors qu'il ne va pas bien du tout et ne sait plus où il en est dans sa vie amoureuse et professionnelle. Sous antidépresseurs depuis longtemps, il a l'impression de se noyer et souhaite désormais s'en sortir sans médicaments. Une première phase de psychanalyse l'aide effectivement à se libérer des remèdes chimiques, puis à choisir de quitter sa femme qu'il n'aime plus, et enfin à changer de travail. Pourtant, un malaise de fond persiste. Commence alors une seconde phase de recherche, plus difficile, plus intime.

© Groupe Eyrolles

D'abord par allusions discrètes, puis par déclarations de plus en plus appuyées, Luiz affirme à sa psychanalyste qu'il l'aime et qu'il est persuadé qu'elle l'aime en retour sans oser le lui dire. Celle-ci lui rappelle à chaque fois que ce n'est pas la question et que Luiz est là pour se pencher sur lui-même et s'interroger.

> « Je cherche à comprendre cet immense besoin d'amour que je ressens et dont j'essaie de combler le manque par toutes mes activités, mais mon corps n'est pas dupe ! Je ne suis pas un pur esprit. Quelquefois, je fais des rêves érotiques tout éveillé. Le plaisir est pour moi une formidable force d'énergie, et j'en suis privé... »

Luiz voudrait être le seul patient de sa thérapeute, le seul à occuper son temps et ses pensées. Par des poèmes et des lettres, il raconte à sa psychanalyste de façon plus ou moins explicite l'amour qu'il éprouve pour elle ou voudrait vivre avec elle. Il est persuadé qu'elle est la « perle rare », la seule femme au monde qui puisse lui convenir et correspondre à ses attentes.

> « Vos refus me font beaucoup souffrir, mais par moments, j'ai l'impression que je commence à comprendre que vous avez raison. Cela m'aide à réfléchir et à me centrer de nouveau sur moi... En même temps, j'éprouve beaucoup de tendresse pour vous, et cela me fait du bien ! »

Luiz s'apaise un temps, puis « repart dans son délire », comme il le dit lui-même. Sa psychanalyste lui fait remarquer qu'il est amoureux d'une ombre, d'une présence invisible dont il ne sait rien. Cette remarque permet à Luiz de se rendre compte qu'il est encore prisonnier de ses fantasmes. Il constate alors à quel point le fantasme est pauvre : celui-ci fonctionne sous forme de séquences courtes, répétitives. Il survient dans les moments où il n'y a pas ou plus de relation, lorsque – pour lui – *l'autre n'est pas réel et n'existe pas*[1].

> Les mois passent. Luiz en veut beaucoup à sa psychanalyste de ne pas répondre à son amour, même s'il perçoit mieux que ces moments d'effusion ne concernent que lui. Il devient alors capable de gratitude : « Vous avez été ma peau. Vous m'avez accueilli, écouté avec votre cœur et reconnu dans mon être profond. C'est un cadeau inestimable. Mes larmes qui coulent témoignent du bien que cela me fait. Je vous remercie. J'ai encore besoin de vous. »

Par moments, Luiz voudrait impérieusement que sa psychanalyste l'aime concrètement, physiquement, dans la vie réelle. Il ne veut pas y renoncer. Ressentant trop douloureusement le fait d'aimer (ou de croire aimer) une personne qui ne peut lui rendre son amour, il souhaite alors arrêter sa psychanalyse. Après de nombreux mois de confrontations serrées et parfois vigoureuses durant les séances, et de combat intérieur, ce mode de protection pour éviter la douleur lui est de moins en moins nécessaire. Luiz commence à être capable de vivre la frustration, le manque et la solitude.

---

1. Pour plus de détails sur la nature des fantasmes, se reporter à S. TOMASELLA, *L'inconscient* et *Les amours impossibles* (Eyrolles, 2011), ainsi qu'à C. PAQUIS, *Le fantasme* (Eyrolles, 2010).

« Après la dernière séance, je suis resté hébété, hagard, puis une longue réflexion a commencé : je pensais à ma vie, je rêvais et je laissais mes idées circuler librement. Qu'est-ce que cet amour-là vient me dire ? Je m'inscris dans la lignée des grands voyageurs de ma famille qui sont partis vers leur eldorado, le Brésil, l'Amazonie. Mon voyage à moi est différent. C'est le voyage du retour vers le Portugal où je suis né. Il est tout autre. Il se fait à l'intérieur de moi, dans les abysses de mon être... Je veux voir la lumière, je veux naître, j'ai besoin d'air, j'étouffe. Je veux respirer, je veux exister, je veux être moi ! »

Cet étouffement, fruit de la confusion, sa psychanalyste l'avait perçu dès la première séance à travers le flot de paroles qui se bousculaient dans la bouche de Luiz, son débit à gros remous, sa respiration courte et affolée...

« À certains moments, j'avais la sensation de me noyer, d'être submergé, comme dans le supplice de la baignoire, mais je donnais de grands coups de tête pour reprendre ma respiration et m'agripper à vous. Oui, le chemin fut long, mais en fait lumineux ! »

Lorsque Luiz accepte enfin, avec peine, d'être un patient et non pas l'« élu », c'est-à-dire de n'être qu'un patient, de surcroît parmi tant d'autres, il peut envisager de renoncer à la possibilité d'un amour charnel avec sa psychanalyste. Il fait alors une découverte importante qui le soulage profondément et lui permet d'envisager sereinement la fin de sa psychanalyse.

« Je veux aller plus loin... Mon amour pour vous, tellement fort, se mesure à l'aune du manque, du vide, de la sécheresse, de la glace, de la mort du côté de mes

> parents. Ce que je revis là, c'est la frustration immense du
> petit garçon à Lisbonne, qui n'a pas été comblée. Je me
> suis construit sans ce regard bienveillant, humain et plein
> d'amour que j'aurais aimé voir ! Oui, je peux le dire : mes
> parents n'ont jamais été humains avec moi. Ils étaient
> froids, insensibles, le regard dur, jamais contents de moi.
> Ils ne m'ont jamais encouragé ou félicité. Pourtant, je
> ramenais de bonnes notes, et j'étudiais bien, malgré les
> difficultés de l'immigration. »

Luiz peut enfin *se remémorer* la situation douloureuse de son
enfance et l'immense besoin d'amour non reconnu qu'il a
éprouvé alors. Il n'est plus nécessaire pour lui de *reproduire*
une situation équivalente de *demande d'amour* avec sa
psychanalyste, ou même avec d'autres.

> « Cela me touche de comprendre cela, je ne peux retenir
> mes larmes, mais elles ne sont pas tristes, elles sont
> fécondes. Comme si vous étiez là pour me consoler de ce
> manque d'amour, cet amour que mes parents ne m'ont
> pas donné quand j'étais petit. »

Désormais dégagé du poids de son passé, Luiz se sent libre
et disposé à aimer réellement, dans sa vie de tous les jours,
une femme pour ce qu'elle est, et non plus dans le but de
combler son manque d'autrefois.

Bien souvent, des situations similaires peuvent voir le jour
dans des circonstances très diverses : entre un élève et son
professeur, un stagiaire et son tuteur, un adepte et son
pasteur, un patient et son médecin, un auditeur et un confé-
rencier, etc. Les mouvements transférentiels font ainsi
prendre pour de l'amour ce qui n'est, en fait, qu'un embra-

sement d'anciens émois, réveillés du fait que la personne en place d'autorité va spontanément et très rapidement représenter aux yeux de l'individu une ancienne figure d'amour perdu…

La vindicte comme refus de l'amour
ou le *transfert contre*

La psychanalyse se distingue en ce sens qu'elle ne veut réprimer
aucun phénomène psychique par voie d'autorité.

D. Lemler, *Répondre de sa parole*

Farida est née au Maroc, puis est venue vivre en France
lorsqu'elle était enfant. Psychologue, elle travaille dans une
clinique de désintoxication pour personnes alcooliques.
Farida veut consulter une femme psychanalyste, après avoir
été suivie longtemps par un homme. Celui-ci l'a notamment aidée à se libérer de médicaments anxiolytiques
qu'elle prenait machinalement depuis des années, par peur
d'être angoissée, plus que pour faire face à des angoisses
réelles. Même si cet homme l'a « beaucoup aidée et bien
accompagnée », elle reconnaît s'être braquée un jour contre
lui alors qu'il lui disait une vérité qu'elle se refusait à
admettre sur elle et sa famille. Farida voulait que son
psychanalyste soit parfait, pour pouvoir se considérer
parfaite à son tour. Elle a arrêté sa psychanalyse avec lui
« sur un coup de tête » et pressent que ce *schéma de rupture*
est celui qu'elle met en place avec les hommes en général,
ses compagnons surtout, mais aussi son fils.

Dans un premier temps, assez long, Farida joue le rôle d'une bonne élève auprès de sa psychanalyste. Souriante, motivée, elle emploie de nombreux termes psychanalytiques dans l'espoir de montrer qu'elle cerne ses difficultés et les maîtrise. Croyant plaire à sa thérapeute et pouvoir la conquérir ainsi, elle devient une « élève perroquet » qui imite sa psychanalyste, emprunte son discours, s'identifie à ses postures, mais ne change rien dans son existence ni en elle-même. Jusqu'au jour où la professionnelle qui l'écoute le lui fait gentiment remarquer pour l'aider à aller vers une parole plus authentique, plus en correspondance avec ce qu'elle est et ce qu'elle vit. De nouveau, Farida vit très mal cette remarque, qu'elle prend pour une « agression ». Un peu plus tard, elle repère qu'elle interprète chaque fois sur le mode du rejet l'apparent désaccord de l'autre.

> « Je me sens perdue. Lorsque quelqu'un me donne un avis qui ne me convient pas, je suis furieuse. Je veux tout envoyer promener, tout casser. Je sens une très grande violence en moi... Je souhaite comprendre comment reprendre le fil de ce qui a été interrompu brutalement par cette révélation. Seule l'envie de poursuivre ma route avec vous me donne le courage de continuer cette recherche. »

Farida découvre que sa difficulté ne vient pas des autres, comme elle l'a cru jusqu'à présent pour se protéger, mais d'elle, de sa façon d'être et de faire avec autrui. Cette « défense », visant à empêcher quiconque de la remettre en question, consiste à reporter la faute sur celui qui la contredit, et à se saisir de ce différend pour rompre la rela-

tion. Toutefois, elle constate que ce mode de fonctionne-
ment est plus fort et plus virulent avec les hommes.
Pourquoi ?

Au fil des mois, Farida réalise avec peine qu'elle éprouve du
mépris pour les hommes, même lorsqu'elle les a d'abord
idéalisés. Après les avoir portés au pinacle, elle se moque
d'eux, les dévalorise et cherche à les décourager.

> « Je leur en veux à mort, lance-t-elle un jour avec fureur.
> – C'est étrange, lui exprime sa psychanalyste, tout ce que
> vous dites là, vous me l'avez fait ressentir à moi aussi, au
> point de me faire percevoir une immense lassitude, un
> dégoût de la vie. Ce n'est pas pour rien que vous m'avez
> fait éprouver le désespoir de votre enfance. »

En lui restituant ce qu'elle a ressenti, la thérapeute permet à
Farida de se reconnecter avec une mémoire ancienne,
enfouie et oubliée depuis longtemps. Elle se souvient alors
comment son père la brutalisait et la dévalorisait, en
employant à son égard des mots grossiers et dégradants.

Le retour de ces souvenirs fait l'effet d'une bombe dans
l'intimité de Farida, qui se sent « soufflée ». Elle en veut de
nouveau beaucoup à sa psychanalyste et manque plusieurs
séances, les annulant au dernier moment sous de faux
prétextes, avec beaucoup de violence rentrée. Lorsqu'elle
revient, Farida se sent écartelée, à vif ; elle ne supporte plus
rien.

> « Mon père n'était donc pas cet homme idéal que j'ai ima-
> giné, pour l'excuser et ne pas le voir tel qu'il est ! Je vous
> déteste. Je vous déteste de me faire perdre mes illusions.

Je vous déteste, alors que j'ai tant besoin de vous et que je voudrais tant pouvoir vous aimer. Il y a deux forces en moi : l'une veut me faire du mal, me faire souffrir ; l'autre veut torturer mon père et lui renvoyer sa haine, mais aussi vous détruire. »

Farida sent qu'elle vient de passer un cap important. Elle se rappelle alors que son père buvait beaucoup d'alcool et était souvent saoul. Elle comprend enfin son orientation professionnelle (aider des personnes alcooliques), pour elle qui n'a pas pu soigner son père et le guérir de l'alcool.

Les années passent. Lorsque sa psychanalyse touche à sa fin, Farida exprime sa reconnaissance à cette femme qui a su lui faire face, tenir bon, se mettre en colère quand c'était nécessaire et lui dire la vérité.

« Merci pour tout et même pour m'avoir secouée quelquefois... Un jour, vous m'avez répondu : "Le psychanalyste, même en colère, n'est qu'un miroir de votre vie psychique." Je viens de comprendre qu'effectivement, cette colère était la mienne : celle que je n'ai pas su exprimer à mon père qui me maltraitait et à ma mère qui le laissait faire. Votre colère a été libératrice pour moi. Vous vous êtes substituée à moi et vous avez fait ressortir mes émotions bloquées, toutes ces émotions qui sont restées coincées en moi si longtemps. »

Le transfert est le lieu même où se rejoue la part la plus intime et la plus douloureuse de l'histoire du patient, donc parfois aussi la plus terrible et la plus violente. En acceptant de ressentir ce que son patient a enduré, pour pouvoir le lui restituer sous forme de paroles, le psychanalyste permet aux transferts de devenir une *mémoire consciente* qui remplace les actes aveugles et inconscients.

De nombreuses relations peuvent parfois se figer sur des malentendus devenant inextricables du seul fait que l'un des protagonistes – ou les deux – se méprend sur l'autre, en lui attribuant des défauts qu'il n'a pas ou en lui prêtant des intentions qui ne sont pas les siennes. Les reliquats d'anciennes relations douloureuses refont surface à l'improviste. Ils viennent embrouiller et recouvrir la relation actuelle, qui se trouve mise en échec sans raison réelle, et parfois sans qu'une issue puisse être trouvée, tant le dialogue est devenu impossible…

Alliance et lien ou le *transfert avec*

*L'alliance est une structure relationnelle fondée sur
la reconnaissance de l'humain en l'autre, axée sur la parité.*

M.-C. Defores, Y. Piedimonte, *La constitution de l'être*

Cédric prend rendez-vous chez un psychanalyste parce qu'il
est submergé soudainement par des angoisses qui le
paralysent : au travail, dans les transports, dans la rue, et
parfois même chez lui. Il a déjà consulté à différentes
périodes de sa vie, se connaît bien, ainsi que son histoire
singulière, parle avec facilité, se situe clairement face à ses
proches, etc. Seule demeure cette angoisse irrépressible
contre laquelle il n'a trouvé que « la molécule chimique »
qui l'endort.

Rapidement, le psychanalyste perçoit chez Cédric une très
grande détresse intérieure, discrète mais palpable sous le
discours maîtrisé d'un homme que la profession a habitué
aux prises de responsabilités. Plusieurs séances hebdoma-
daires, y compris le dimanche en cas d'urgence, sont nécessaires pour créer une « tranquillité de fond » propice à
l'expression de ce qui trouble si douloureusement Cédric.
Les abandons de l'enfance, mais surtout un très grave traumatisme (un viol et des violences répétés, par un proche de
la famille), hantent Cédric malgré lui, et viennent le

perturber soudainement et fortement dans des moments d'intimité, notamment sexuelle.

La fréquence des rencontres avec le psychanalyste, l'engagement sincère dans une recherche commune et l'humanité partagée favorisent la création d'une bonne alliance de travail entre les deux hommes. Cette alliance, faite de respect et d'estime réciproques, les aide à garder le cap malgré les séances difficiles. Cédric a besoin de déjouer la fatalité et la malédiction qui pèsent si lourdement sur lui depuis qu'il est enfant. Séance après séance, il s'approche de plus en plus près de la mémoire explosive du trauma. Pendant des mois, patiemment, il peut raconter chaque fois un peu plus, fragment après fragment, sa tragédie de solitude et de lutte contre son violenteur, pour éviter une profanation qu'il redoute par-dessus tout et qui l'accable du poids de l'inhumanité meurtrière et de la haine insondable. Pourquoi ? Pourquoi lui ?

Plus Cédric retrouve la mémoire sensorielle, émotionnelle et affective des moments traumatiques, jusque dans les moindres détails, plus son angoisse diminue (en intensité et en fréquence). Il peut désormais se passer du médicament qu'il absorbait. Bientôt aussi, se sentant moins vulnérable, il choisit de venir moins souvent en consultation.

Certaines séances sont encore caractérisées par une extrême tension, quasi insoutenable, dans l'*entre-deux*, cet espace de la relation transférentielle[1] entre patient et psychanalyste.

---

1. Plus explicitement, nous pourrions parler de cette relation de recherche intime très particulière et très fortement investie par l'inconscient du patient, grâce à l'entière disponibilité du psychanalyste.

L'abomination de la profanation est là, palpable, imposante, saturant l'air et la pièce de vibrations stridentes très difficiles à supporter, comme une *reviviscence* des tortures subies par l'enfant d'autrefois[1].

Heureusement, Cédric est tenace. Il ne se laisse ni démonter ni impressionner. Il a le courage d'aller plonger son regard dans celui du jeune homme qui voulait le détruire, puis de faire face à ses intentions barbares et monstrueuses. Parfois, il exprime à son psychanalyste qu'il lui est très pénible de venir en séance, tant il sait l'horreur qu'il va y retrouver. D'autres fois, il voit son profanateur « recouvrir » son psychanalyste, prendre sa place. Il a l'impression de voir en face de lui celui qui l'a frappé, humilié et violé. Il craint de voir les yeux de son bourreau dans ceux de son thérapeute, même si rien ne les rapproche physiquement. Après un temps, plus ou moins long selon les séances, un sourire ou un soupir de soulagement vient signifier que les ombres du passé se sont éloignées, lui laissant du répit…

Patiemment, Cédric délie l'écheveau de terreur, jusqu'au jour où il est guéri. Rayonnant, heureux, fier et libre, il peut dire adieu au pair humain qui l'a accompagné avec bienveillance dans les enfers.

La relation entre le patient et le psychanalyste est une relation humaine à parité, bien que dissymétrique du point de vue des places : l'un s'expose et se confie, l'autre accueille et écoute. De ce fait, le psychanalyste ne propose pas une interprétation sous la forme d'un savoir, mais une *hypothèse de*

---

1. TOMASELLA S., *La traversée des tempêtes, op. cit.*

recherche à discuter. « Il met son expérience au service de la recherche du patient, qui accepte ses hypothèses, les refuse ou demande de prendre le temps d'y réfléchir[1]. » Cela requiert une solide alliance thérapeutique d'humain à humain.

Cette « alliance de travail » croît à côté du transfert, grâce à la création progressive d'une relation interhumaine, de personne à personne, fondée sur la confiance partagée et l'expérience vécue.

Si toute psychanalyse requiert une réelle alliance, un véritable *lien humain* qui puisse favoriser la recherche commune et le voyage dans les profondeurs, l'exploration des traumas rend la nécessité vitale de cette alliance encore plus évidente. Sans elle, il serait malaisé, voire impossible, de dénouer et de déjouer les mystères inéluctables et imparables des moments de transferts…

---

1. NACHIN C., « Journée clinique de Cogolin », 14 mai 2011.

Ni rêve ni angoisse :
le vide ou le *transfert sans*

*Aucun savoir, aucune science ne peut effacer la part relationnelle,
transférentielle, qui préside à tout acte thérapeutique.*

D. Lemler, *Répondre de sa parole*

Marion est une jeune et brillante journaliste. Elle accorde
beaucoup d'importance aux mots et cherche avec passion la
formulation la plus juste possible de ses idées. Une première
phase de sa psychanalyse tourne d'ailleurs beaucoup autour
d'idées sur la société, la politique, mais aussi l'art, la
culture, l'avenir de la planète... Peu à peu, Marion
comprend l'importance, pour elle-même, de parler de
réalités plus profondes et de s'intéresser à ce qu'elle ressent.
Un événement pénible dans sa vie professionnelle accentue
la nécessité de cette descente au plus intime d'elle-même.

Durant cette période difficile, Marion passe d'une humeur
légère et enjouée à une forme de noirceur qui ne lui
ressemble pas. Elle doute d'elle, de ses qualités, de ses capacités à exercer son métier. Au fil des semaines, elle semble
s'engluer dans un marécage de *dévalorisation* dont elle
n'arrive pas à émerger. Elle en vient à remettre en cause son
travail, son existence, sa vie même.

Son psychanalyste lui exprime alors que, depuis quelques semaines, l'insatisfaction et l'*inertie*[1] de Marion durant les séances le poussent à se sentir minable, prisonnier d'une obligation d'échouer, de tout rater. Marion cherche-t-elle à se détruire ? Pour quelle raison ? Pour qui le fait-elle ? Si la jeune femme entend bien ce que lui restitue son psychanalyste, « cela ne résonne pas en elle ». Elle continue à s'enfoncer...

La situation s'enlise. Le psychanalyste ressent un fort *désespoir* : celui que Marion ne peut ressentir pour elle-même. Tous les deux vivent une situation de forte crise, jusqu'au moment où le thérapeute fait deux cauchemars liés à sa patiente, à une semaine environ l'un de l'autre.

> Dans une maison pauvre, sommaire, fermée, sombre et faiblement éclairée, il voit la jeune femme égarée, cherchant son chemin. Soudainement, la tête de la jeune fille disparaît dans le mur. Elle devient une femme sans tête. Craignant de l'avoir perdue, le psychanalyste se réveille en sursaut.

Le récit de ce premier cauchemar[2] permet à Marion d'approcher sa peur de mourir et l'interdiction de penser à ce qui se passait dans sa famille.

---

1. *Cf.* TOMASELLA S., *Le surmoi*, Eyrolles, 2009, pp. 91-98.
2. Il n'existe pas de « clé des rêves » permettant de les interpréter de l'extérieur. Seules les associations libres du rêveur (et ici de la patiente qui est directement concernée) aident à donner à un rêve une signification personnelle (*cf.* TOMASELLA S., *L'inconscient, op.cit*).

> Marion tient un chien au bout d'une laisse et se promène dans une grande ville sur une avenue très fréquentée. Tout à coup, le chien s'emballe et l'entraîne dans une course folle. Plutôt que de lâcher la laisse, la jeune femme se croit obligée de tenir et tombe par terre de tout son long. Elle est traînée au sol par le chien en plein milieu de l'avenue, jusqu'à disparaître au loin.

Cette fois encore, le thérapeute se réveille brutalement, saisi par une forte angoisse. Marion est encore plus émue par le récit de ce second rêve, qui lui parle beaucoup, tant elle s'oblige souvent à réaliser l'impossible, dans son travail ou pour ses proches, quitte à se mettre en danger.

Les jours suivants, Marion rêve à son tour. Son psychanalyste, en rêvant pour elle et en lui racontant ses rêves d'angoisse la concernant, a favorisé les retrouvailles de la jeune femme avec sa capacité à rêver et à ressentir de l'angoisse... Lorsqu'un enfant se fait mal, le parent qui s'en occupe souffre pour lui et exprime cette souffrance : « Aïe ! Tu t'es fait mal. » Cela s'appelle le *transitivisme* : « Le transitivisme répond au cas où je me suis donné un coup et où c'est l'autre qui souffre[1] » et qui l'exprime. Marion raconte son cauchemar.

> Ma mère fait chauffer de la soupe dans une marmite pour la jeter sur moi et m'ébouillanter. Je suis terrifiée... Finalement, je m'aperçois que le chaudron est vide.

---

1. BERGÈS J., BALBO G., *Jeu des places de la mère et de l'enfant – Essai sur le transitivisme*, Erès, 1998.

Ce rêve aide Marion à reprendre contact avec la mémoire de moments très douloureux qu'elle a vécus avec sa mère, notamment lorsque celle-ci l'intimidait ou la terrorisait.

En fin de compte, la *transposition critique*[1] de Marion sur son psychanalyste est venue révéler la présence masquée, en elle, d'un « persécuteur interne » : sa propre mère terrifiante *incorporée*[2].

Les séances qui suivent cette crise vont aider Marion à dessiner les contours de l'impasse dans laquelle elle s'est laissé enfermer. Le phénomène d'emprise s'est en effet déroulé en plusieurs étapes :

- Marion a d'abord reçu une *injonction paradoxale* (au moins deux obligations contradictoires entre elles). Par son attitude et son discours autoritaires, sa mère lui faisait savoir : « Tu es ma chose ; je te possède ; obéis-moi ; sois parfaite. » En même temps, elle lui signifiait : « Quoi que tu fasses, tu ne me satisferas jamais… » ;

- insidieusement, Marion a ressenti de façon douloureuse en elle : « Ma mère se débrouille tout le temps pour que je me sente minable. » Depuis, elle a internalisé cette perception (« je suis minable ») et se croit *sans valeur* ;

- par conséquent, Marion s'est dit : « Je dois réussir pour prouver que j'ai de la valeur. » Elle est donc polie, servia-

---

1. Il serait possible de parler de « transfert de crise » ou de « crise dans le transfert ».
2. Pour mieux comprendre le mécanisme psychique du « fantasme d'incorporation », se reporter à S. TOMASELLA, *La traversée des tempêtes, op. cit.*, pp. 105-112.

ble, sérieuse ; elle a bien travaillé à l'école, a réussi ses
études, etc. Tout cela a été *sans effet* sur sa mère, qui non
seulement est restée de marbre, mais a continué à être
insatisfaite ;

- Marion a alors constaté : « Je n'en fais pas assez. » Elle
est entrée dans une logique infernale du « toujours
plus », puis a déploré : « Je n'y arriverai pas… » Le cycle
est *sans fin* ;

- progressivement, Marion s'est épuisée : elle est usée,
désespérée, et se sent vide. « Au fond, qui suis-je ? Quel
est mon désir ? » se demande-t-elle. Pour constater peu
après : « Je me suis oubliée. » Ce constat de *désastre* provoque en elle un dégoût pour la vie.

Marion a accepté de considérer la réalité de ce « désastre ».
Pour avoir à nouveau confiance en ses capacités, elle s'est
accordé du temps et du repos. Elle est revenue à ses *sensations*
à elle (délaissant les idées préconçues), puis a cultivé le
plaisir et la légèreté, même dans les plus petites choses de la
vie. Surtout, elle a réussi à prendre de la distance par
rapport au schéma que sa mère lui avait imposé et à devenir
libre de se déterminer par elle-même, en dehors de tout
jugement.

Dans cet « espace transférentiel » qui permet de se confier,
de se percevoir et de s'exprimer en vérité, le patient
« retrouve sa dignité de sujet parlant, agent de son
destin[1] », affirme Daniel Lemler, psychanalyste et
psychiatre français.

---

1. LEMLER D., *op. cit.*, p. 214.

De telles difficultés de compréhension dues à une absence de ressentis ou à un vide de pensée, voire à des mouvements invisibles d'autodestruction ou de destruction, peuvent survenir inopinément dans une relation amicale, amoureuse ou professionnelle. Ce type de mouvements transférentiels est très délicat à repérer, du fait même des lacunes qu'il met au jour. Dans ces cas extrêmes, l'aide d'un tiers (médiateur, conseiller et, surtout, thérapeute) est nécessaire pour aider les partenaires de la relation en souffrance à comprendre ce qui leur arrive et à surmonter l'épreuve qui les submerge.

Conclusion

Je parle en mon nom, à ma place, à partir de ce que j'ai perçu,
compris ou partagé, à partir de mes doutes et de mes angoisses,
de mes lenteurs à entendre, de mes ratés, des traversées qui ont échoué
et de celles qui ont permis d'atteindre l'autre rive.

C. Sales, *Vous êtes sale... je peux tout vous dire*

Nous pouvons observer régulièrement à quel point nos relations avec les autres sont fréquemment émaillées de
surprises. Elles peuvent même devenir bien difficiles à
comprendre. En effet, nos relations sont compliquées par
toutes sortes de phénomènes, la plupart inconscients : par
exemple, l'assignation d'identité qui consiste à imposer à
l'autre une « personnalité » qui n'est pas la sienne ; la transposition d'éléments oubliés du passé sur une relation
présente ; l'utilisation de l'autre comme « miroir » ou
comme support des aspects que nous n'apprécions pas en
nous et dont nous l'affublons, pour nous en débarrasser,
voire le railler à notre guise...

Ainsi, les phénomènes de transferts sont particulièrement
nombreux, surgissant dans une infinité de situations, des
plus ordinaires aux plus exceptionnelles. Ils concernent les
relations avec les êtres humains, mais aussi les lieux, les

© Groupe Eyrolles

souvenirs et même les idées. Ils désignent avant tout des *réalités mouvantes*, évolutives, plurivoques (porteuses de plusieurs sens) et parfois équivoques (ambivalentes et énigmatiques).

Retenons qu'il s'agit de phénomènes transitoires. Plus encore, comme pour tout mot issu de théories cherchant à rendre compte de la vie humaine, il est indispensable de ne pas faire du transfert une notion figée qui deviendrait rapidement dogmatique.

L'essentiel est alors, sans cesse, de se recentrer sur la personne humaine singulière, l'individu, et d'interroger sa *position subjective* (ses intentions, ses désirs, ses choix) en partant des ressentis : les siens propres autant que ceux de l'autre. Mettre en conscience, plus que prendre conscience, est une patiente recherche qui part de notre corps, notre fondement terrestre, donc de nos sensations.

Comme le rêve qui révèle l'inconscient, le transfert est un outil majeur de l'artisanat psychanalytique, séance après séance, surtout après coup, lorsque chacun se retrouve face à lui-même. N'oublions pas qu'il n'est pas seulement la trace des mémoires passées, mais aussi une *invitation au désir*. Quels sont mes attirances, mes élans, mes projets ? Quels sont mes souhaits ? Quel est mon devenir ?

Faire la lumière sur toutes les manifestations inconscientes qui viennent peupler nos relations est surtout une façon de nous *incarner dans le réel*, de ne plus fuir la réalité (en nous accrochant à nos fantasmes et à nos illusions), mais de nous y inscrire vraiment.

Être dans la réalité de l'instant et y vivre !

Bibliographie

Didier ANZIEU, « De la communication paradoxale à la réaction thérapeutique négative », *Nouvelle Revue de psychanalyse*, n° 12, automne 1975.

Didier ANZIEU, *Le groupe et l'inconscient*, Dunod, 1999.

Didier ANZIEU, *Le moi-peau*, Dunod, 1995.

Jean BERGÈS, Gabriel BALBO, *Jeu des places de la mère et de l'enfant – Essai sur le transitivisme*, Erès, 1998.

Joseph BREUER, Sigmund FREUD, *Études sur l'hystérie*, PUF, 2002.

Marie-Claude DEFORES, Yvan PIEDIMONTE, *La constitution de l'être*, Bréal, 2009.

Pierre DELAUNAY, *Les quatre transferts*, Fédération des ateliers de psychanalyse, 2011.

Judith DUPONT, *La quinzaine littéraire*, 1982.

Marguerite DURAS, *Le ravissement de Lol V. Stein*, Gallimard, 1976.

Sándor FERENCZI, *Journal clinique*, Payot, 1990.

Sándor FERENCZI, *Psychanalyse IV*, Payot, 1990.

Sigmund FREUD, *Abrégé de psychanalyse*, PUF, 1992.

Sigmund FREUD, *Cinq leçons sur la psychanalyse*, Payot, 2010.

Sigmund FREUD, *Cinq psychanalyses*, PUF, 2001.

Sigmund FREUD, *Conférences d'introduction à la psychanalyse*, Gallimard, 2010.

Sigmund FREUD, *Essais de psychanalyse*, Payot, 2001.

Sigmund FREUD, *La technique psychanalytique*, PUF, 2010.

Sigmund FREUD, *L'interprétation du rêve*, PUF, 2010.

Marie-Jeanne GENDRON, « D'un corps à l'autre, ça parle sans mots », *Epistolettre*, n° 39, FAP, 2012.

André GREEN, « De la tiercéité », *Monographies de la Revue française de psychanalyse*, PUF, 1990.

André GREEN, *Illusions et désillusions du travail psychanalytique*, Odile Jacob, 2010.

Mélanie KLEIN, *Le transfert et autres écrits*, PUF, 2001.

Jacques LACAN, *Écrits*, Points, Seuil, 1999.

Jacques LACAN, *Le séminaire – Livre VIII – Le transfert*, Seuil, 2001.

Jacques LACAN, *Le séminaire – Livre XX – Encore*, Points, Seuil, 2000.

Jean LAPLANCHE, Jean-Bertrand PONTALIS, *Vocabulaire de la psychanalyse*, PUF, 2007.

Daniel LEMLER, *Répondre de sa parole*, Érès, 2011.

Claude NACHIN, *La méthode psychanalytique*, Armand Colin, 2004.

Claude NACHIN, *Sigmund Freud, sa vie, son génie, ses limites*, Bréal, 2010.

Michel NEYRAUT, *Le transfert*, PUF, 2004.

Christine PAQUIS, *Le fantasme*, Eyrolles, 2010.

Jean-Bertrand PONTALIS, *La force d'attraction*, Points, Seuil, 1999.

Cécile SALES, *Vous êtes sale… je peux tout vous dire*, Félin, 2010.

Harold SEARLES, *Le contre-transfert*, Gallimard, 2005.

Harold SEARLES, *Mon expérience des états-limites*, Gallimard, 1994.

Colette SOLER, *Lacan ou l'inconscient réinventé*, PUF, 2009.

Saverio TOMASELLA, *La traversée des tempêtes*, Eyrolles, 2011.

Saverio TOMASELLA, *Les amours impossibles*, Eyrolles, 2011.

Saverio TOMASELLA, *Le sentiment d'abandon*, Eyrolles, 2010.

Saverio TOMASELLA, *Le surmoi*, Eyrolles, 2009.

Saverio TOMASELLA, *L'inconscient*, Eyrolles, 2011.

Donald W. WINNICOTT, *De la pédiatrie à la psychanalyse*, Payot, 1989.

Donald W. WINNICOTT, *Jeu et réalité*, Gallimard, 2002.

Donald W. WINNICOTT, *La nature humaine*, Gallimard, 2005.

Composé par *Style Informatique* (www.style-info.com)